Nosferatu, a symphony of horror.

F. W. MURNAU

Nosferatu,
a symphony
of horror.
F. W. MURNAU

Diretor Editorial
Christiano Menezes

Diretor Comercial
Chico de Assis

Diretor de Novos Negócios
Marcel Souto Maior

Diretora de Estratégia Editorial
Raquel Moritz

Gerente de Marca
Arthur Moraes

Gerente Editorial
Bruno Dorigatti

Editoras
Marcia Heloisa
Nilsen Silva

Capa e Projeto Gráfico
Retina 78

Coordenador de Diagramação
Sergio Chaves

Preparação
Francylene Silva

Revisão
Daniel Bonesso
Retina Conteúdo

Finalização
Sandro Tagliamento

Marketing Estratégico
Ag. Mandíbula

Impressão e Acabamento
Braspor

DADOS INTERNACIONAIS DE CATALOGAÇÃO NA PUBLICAÇÃO (CIP)
Jéssica de Oliveira Molinari - CRB-8/9852

Jackson, Kevin
Nosferatu : sinfonia das sombras / Kevin Jackson ; tradução de Renan Santos. — Rio de Janeiro : DarkSide Books, 2024.
240 p . : il.

ISBN: 978-65-5598-482-8
Título original: Nosferatu: Eine Symphonie Des Grauens

1. Cinema - Alemanha - História 2. Horror 3. Crítica cinematográfica
I. Título II. Santos, Renan

24-5102 CDD 791.409

Índice para catálogo sistemático:
1. Cinema - Alemanha - História

DarkSide® *Entretenimento* LTDA.
Rua General Roca, 935/504 — Tijuca
20521-071 — Rio de Janeiro — RJ — Brasil
www.darksidebooks.com

CLÁSSICOS DO CINEMA BFI

Nosferatu

SINFONIA DAS SOMBRAS

Escrito por KEVIN JACKSON

Traduzido por RENAN SANTOS

DARKSIDE

Agradecimentos

Este compacto livro deve muito a outras obras, em geral, mais extensas. O perfil biográfico do diretor apresentado no Capítulo 1 é baseado no livro *Murnau*, de Lotte Eisner. O Capítulo 2 tem como referência o documentário *The Language of Shadows* (*A Linguagem das Sombras*), escrito e dirigido por Luciano Berriatúa, incluído na edição do DVD *Nosferatu* da coleção Eureka! Masters of Cinema. Os Capítulos 3 e 4 se valem da cópia anotada por Murnau do roteiro de Galeen, traduzida para o inglês por Gertrud Mander e publicada como um apêndice do *Murnau* de Eisner. O relato do processo judicial de Florence Stoker no Capítulo 5 foi escrito a partir dos comentários espirituosos e eruditos de David J. Skal em *Hollywood Gothic*.

Outras fontes estão nas notas finais em detalhes.

Anne Billson, que provavelmente já se esqueceu de mais informações sobre o cinema de vampiros do que eu jamais saberei, foi gentil o bastante para ler o manuscrito e oferecer comentários valiosos. Maryam Imani desenterrou um fascinante tesouro de imagens de Max Schreck. Michael Brooke, um especialista em surrealismo tcheco, me apresentou ao notável ensaio sobre Murnau escrito pelo autor de *Valerie and Her Week of Wonders* (*Valerie e Sua Semana de Deslumbramentos*). Gary Lachman, músico e acadêmico ocultista, ajudou a fornecer as conexões entre Albin Grau e Aleister Crowley. David Thompson, como sempre, generosamente me presenteou com DVDs raros, incluindo um documentário da BBC há muito tempo esquecido sobre Drácula apresentado por Daniel Farson — um descendente de Bram Stoker. John Archer me mostrou *Writers and Places* (*Autores e Lugares*), seu documentário de 1982 sobre Gabriel García Márquez, que se tornou um fã de longa data de *Nosferatu* após assisti-lo diversas vezes em um cinema ao ar livre em sua cidade natal, o lugar imortalizado em *Cem Anos de Solidão*.

Meus agradecimentos a Sophia Contento da BFI Publishing por sua paciência com minha incompetência cibernética, e a Julia Soboleva por sua arte magnífica, ainda que perturbadora.

Por fim, este livro é o feliz resultado de quase trinta anos de conversas encantadoras sobre cinema, vampiros, ocultismo e uma variedade de outros assuntos esotéricos com meu estimado amigo sir Christopher Frayling, a quem dedico esta obra com admiração, carinho e gratidão.

KJ
Junho de 2013

Para sir Christopher Frayling
"O Van Helsing de nos jours..."

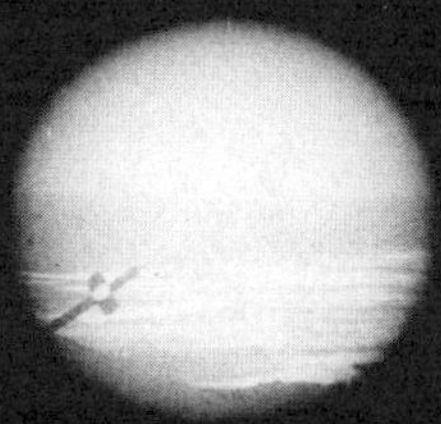

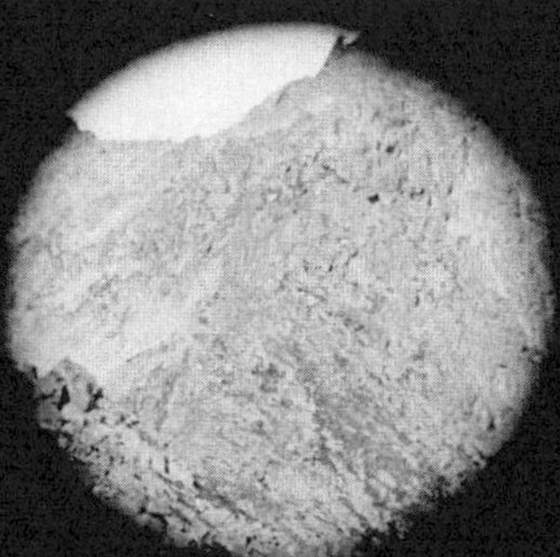

Clássicos do Cinema BFI

A série Clássicos do Cinema BFI apresenta, analisa e celebra os grandes marcos do mundo cinematográfico. Cada volume defende o status de "clássico" de seu filme correspondente, aliando a essa defesa uma discussão sobre o histórico de produção e de recepção da obra, seu lugar em determinado gênero cinematográfico ou no panorama de produções de um país, comentários acerca de sua importância técnica e estética e, em muitos casos, a visão do próprio autor com relação ao impacto que o filme lhe tenha causado. Uma coleção fundamental para todos os amantes da Sétima Arte, agora no Brasil em uma parceria entre o BFI e a DarkSide® Books.

SUMÁRIO

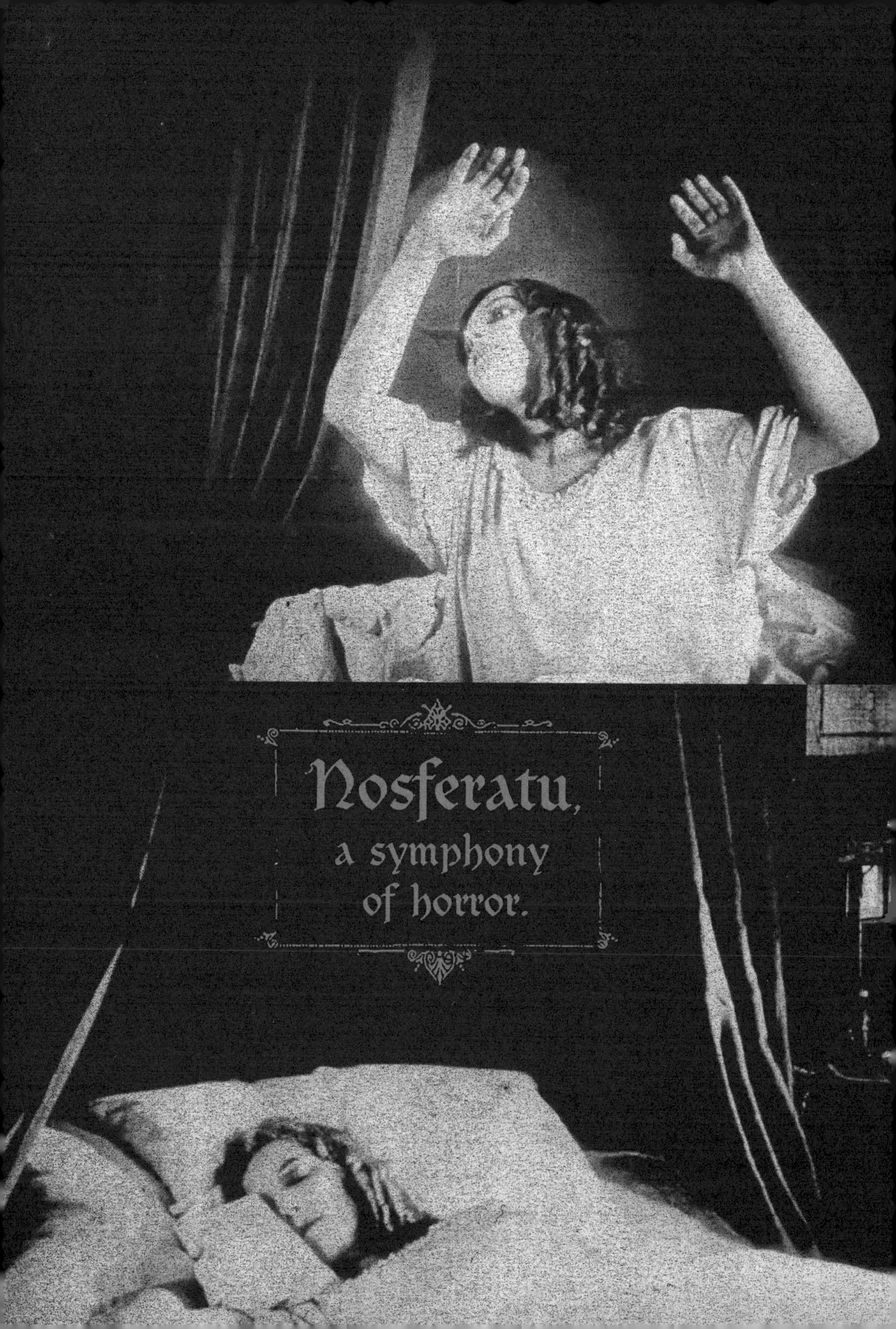
Nosferatu,
a symphony
of horror.

INTRODUÇÃO

Nosferatu é um ímã de superlativos. Pauline Kael, descrevendo seu clima predominante como "soberbo e repugnante", afirmou que "este primeiro e importante filme do gênero vampiresco possui uma atmosfera mais espectral, além de mais criatividade inventiva e morbidez do que qualquer um de seus sucessores".[1] A. O. Scott, crítico de cinema do *New York Times*, falou em nome de incontáveis pessoas ao declará-lo como "o primeiro grande filme de vampiro". Em 2001, Roger Ebert (que faleceu enquanto este livro estava sendo escrito: que ele descanse em paz) alegou que "o melhor de todos os filmes de vampiro é *Nosferatu.* [...] Seu poder sombrio apenas aumenta com o tempo. Ao assisti-lo, não pensamos em roteiro ou em efeitos especiais. Pensamos: esse filme realmente acredita em vampiros". Um crítico alemão, Andreas Kilb, escreveu que "nenhum filme de terror posterior jamais conseguiu superar o horror" da imagem do navio da morte adentrando Bremen.[2] A historiadora de cinema Angela Dalle Vacche observou, de forma correta, que "nenhum outro filme sobre vampiros [...] recebeu tanta atenção crítica".[3]

E os superlativos continuam a se acumular, mesmo quando não é analisado especificamente como um filme de terror. Robert Desnos, o poeta surrealista, certa vez o chamou de "o mais belo filme já feito".[4]

Perez sugeriu que é "talvez o maior dos filmes da era Weimar" que "perdura como uma das respostas mais marcantes e perturbadoras já feitas na arte à morte inexorável que nos aguarda".[5] A *Magazine Littéraire* uma vez o nomeou como "*le premiere film culte de l'histoire*" — o primeiro filme *cult* da história.

O mesmo fenômeno também ocorre com seu diretor, F. W. Murnau. Para Lotte Eisner, Murnau foi "o maior diretor de cinema que os alemães já conheceram. [...] Ele criou as imagens mais avassaladoras e pungentes do cinema alemão".[6] Werner Herzog, que admirava Eisner, concordou com sua visão. Para Herzog, *Nosferatu* é "o maior de todos os filmes alemães",[7] uma "obra-prima" de um diretor no mesmo nível de Griffith, Pudovkin, Buñuel e Kurosawa. Stan Brakhage, não muito simpático a Murnau, ainda assim o classifica como "talvez o maior contador de histórias que o cinema já produziu".[8] Frank Hansen, que trabalhou com Murnau, recorda que:

> Ele sabia exatamente o que queria. Seu intuito era a perfeição, e cada filme finalizado era o resultado de um cuidado meticuloso. Ele trouxe ao cinema uma cultura, um conhecimento de produção, um senso de beleza artística e de iluminação que até hoje são incomparáveis.[9]

Thomas Elsaesser observa que há um consenso geral sobre Murnau ser "o mais refinado poeta romântico do cinema alemão".[10]

Poderíamos escrever um livro inteiro apenas utilizando exemplos como esses, mas a conclusão seria a mesma: sem margem para discussão, *Nosferatu* ostenta hoje o *status* de ser um clássico cinematográfico. Isso é um tanto surpreendente, não só porque filmes de horror são frequentemente tratados com certo desdém elitista, mas por um conjunto de razões menos óbvias. Além de ter provocado uma reação extremamente entusiasmada nos surrealistas em Paris, que adotaram de imediato o vampiro de Murnau como um dos seus, a maioria das críticas iniciais fora da Alemanha foram mornas ou negativas: em Nova York, afirmaram que a plateia dormiu durante toda exibição. Quando foi

Pôster de Albin Grau para o lançamento de Nosferatu *em 1922*

exibido em Londres pela Film Society, o libreto do evento desdenhou, alegando que o filme combinava "o ridículo e o horrendo".[11] Mesmo na Alemanha, onde a maior parte das críticas foi excelente, o filme atraiu apenas um público pequeno, deu prejuízo e levou sua produtora à falência em questão de semanas. Então Florence Stoker, a viúva do autor de *Drácula*, cujo romance serviu de base não oficial para o roteiro, venceu a ação judicial contra os produtores e conseguiu, como tudo indicava na época, a destruição de todas as cópias e negativos do filme.

É claro que, como um vampiro, *Nosferatu* ressurgiu outra vez[12] — embora de forma tímida a princípio. Sua reputação permaneceu quase esquecida até o final da década de 1940, quando a muito discutida "história psicológica" do cinema alemão pré-guerra escrita por Siegfried

Kracauer, *De Caligari a Hitler*, resgatou o filme do esquecimento e atestou suas qualidades proféticas como um reflexo dos pesadelos nacionais alemães. Segundo Kracauer, o Conde Orlok foi uma das figuras tirânicas, assim como o Dr. Mabuse, de Lang, que prenunciou Hitler. "A alma alemã, assombrada pelas imagens alternadas de domínio tirânico e caos instintivo, vagava em espaço sombrio semelhante ao navio fantasma em NOSFERATU".[13]

No entanto, os verdadeiros marcos na reputação crítica de *Nosferatu* surgiram com o belo estudo de Lotte Eisner sobre o cinema da era Weimar, *L'Écran Démoniaque* (1952, revisado em 1965; traduzido ao inglês como *The Haunted Screen* em 1969, e ao português como *A Tela Demoníaca* em 2007) e depois com sua monografia *Murnau* (1964, traduzida ao inglês em 1973). Eisner, que discordava de muitas das alegações de Kracauer, formulou um brilhante argumento a favor da excelência artística de diversos filmes de Murnau: segundo ela, *Nosferatu* — uma obra cuja ideia pareceu perversamente astuta à época, embora hoje seja bem-aceita — é um filme de visões horrendas e arrebatadoramente belo:

> Ele [Murnau] filma a forma delicada de uma nuvem branca deslizando sobre as dunas, enquanto o vento vindo do Báltico brinca entre as escassas folhas de grama. Sua câmera se detém em uma filigrana de galhos delineados contra um céu primaveril no crepúsculo. Ele nos transmite o frescor de uma campina onde cavalos galopam sob uma iluminação maravilhosa.[...]
>
> Em um filme de Murnau, cada cena tem seu propósito definido e contribui para a ação da trama. O close-up momentâneo atento à ondulação da luz de velas é tão necessário para a ação quanto a cena anterior — a tomada de cima mostrando a correnteza levando embora a jangada e sua carga sinistra.[14]

Dessa forma, ela atribui a Murnau não apenas um olhar convencional (e medíocre) pelo pitoresco, mas uma visão quase mística de paisagens terrestres e marinhas, arquitetura e animais, enquanto componentes essenciais de sua obra de arte sobrenatural. (Tanto Kracauer quanto Eisner citam uma frase impactante do húngaro-alemão Béla Balázs, que escreveu em uma análise inicial que o filme é permeado por "correntes glaciais de ar vindas do além".[15])

Após o lançamento de *A Tela Demoníaca*, comentários sobre o filme começaram a se multiplicar. De modo geral, apenas autores especializados como Eisner, com acesso privilegiado a arquivos cinematográficos (no caso dela, o da Cinémathèque Française em Paris, onde Henri Langlois guardou, em meio a seus tesouros, uma cópia da versão francesa de *Nosferatu* de 1926), tiveram a chance de formular suas próprias opiniões. Nos Estados Unidos, a maioria dos espectadores só conheceu o filme por meio de versões picotadas, exibidas tarde da noite na televisão, ou por fotogramas publicados na *Famous Monsters of Filmland* (Monstros Famosos da Terra do Cinema) e outras revistas direcionadas aos *baby boomers* com uma predileção ao macabro.

Portanto, apenas nas últimas duas décadas, graças ao trabalho de arquivistas e restauradores de filmes em diversos países,[16] fomos capazes de assistir a versões satisfatórias do filme, além de mais completas (e com a tonalização correta).[17] Embora figuras como André Breton e Robert Desnos tenham compreendido sua essência enquanto Murnau ainda estava vivo, a maior parte das pessoas que ama o filme o descobriu apenas recentemente.

Neste ponto, costumam afirmar que o poder do filme permaneceu inalterado. Todavia, isso não seria totalmente honesto; e mesmo aqueles que consideram o filme uma obra-prima reconhecem que ele não é perfeito. Muito da atuação (em especial, a de Granach como Knock) é constrangedora e exagerada ou simplesmente não convence. Certos efeitos especiais — como o movimento acelerado da carruagem de Nosferatu — hoje parecem mais cômicos do que assustadores, especialmente para o público jovem ou, ao menos, para os jovens espectadores não familiarizados com os filmes mudos. O mesmo pode ser dito da maquiagem do vampiro. Adjetivos como "tolo", "cafona" ou "datado" às vezes podem ser apropriados.

Contudo, apenas em parte. Com um pouco de suspensão de descrença, o vampiro e suas ações continuam assustadores; como dizem com frequência, Orlok parece muito mais convincente enquanto um cadáver horrível do que qualquer outro morto-vivo na história do cinema. Sua primeira aproximação a Hutter durante a noite no castelo ainda consegue ser aterrorizante e perturbadora; assim como sua aparição — brilhantemente encenada — a bordo do navio, ou a visão aterradora de seu rosto, cheio de fome e malícia, olhando pela janela da casa em ruínas em Bremen.

Em certos aspectos, o passar do tempo apenas torna ainda mais convincente a descrição entusiasta de Eisner sobre a intensa beleza do filme. Algumas das cenas de terra e mar ameaçam ofuscar os horrores exibidos; outras, como as tomadas dos cavalos sendo perseguidos à noite, ou do céu noturno, ou — sobretudo — do *Empusa* chegando ao cais, combinam beleza e terror de maneira poucas vezes igualada.

Beleza e terror estão no âmago do que torna *Nosferatu* um filme clássico, se por "clássico" nos referimos a algo que não está simplesmente morto e esquecido nos dicionários sobre cinema, mas sim algo que ainda possui força e vitalidade — aqui, testemunhamos a inquietante vida-na-morte que fora nomeada de "o estranho".[18] *Nosferatu* ainda consegue encantar um público receptivo quando exibido, e continua a assombrar por muito tempo após sua cena final.

Ele é vasto e abarca multidões: a "beleza convulsiva" destacada pelos surrealistas, o "terror glacial" de Balázs, as dimensões sociais e políticas de Kracauer, a maestria artística admirada por Eisner... e muito mais. O filme também foi interpretado como uma leitura cifrada da condição de Murnau como alguém à margem — ele era gay numa época em que as leis sexuais do seu país eram draconianas — e, de forma fantasiosa, como um puro exercício teatral, cujo personagem central não é "Max Schreck", mas outro Max: o mentor teatral de Murnau, Max Reinhardt.[19] Em uma versão dessa fantasia, é Murnau quem interpreta Nosferatu; em outra, é o próprio Nosferatu.[20]

Nosferatu é visto como um filme autorreflexivo, que brinca com conexões metafóricas entre cinema e vampirismo. (Todos os atores estão mortos; mas eles retornam à vida quando o filme é projetado ou exibido.) Não é surpresa, como apontou a romancista Anne Billson,[21] que o filme de Murnau tenha inventado a convenção de que vampiros desaparecem à luz do dia: o mesmo princípio ocorre com os filmes, que só podem existir na escuridão.

Nos capítulos seguintes, iremos explorar esses temas e possibilidades, na esperança de acrescentar ao menos um elemento poucas vezes discutido nesse contexto interessante: as sociedades ocultistas alemãs e internacionais que originaram o filme e, acima de tudo, o papel crucial desempenhado pela figura enigmática de Albin Grau, que introduziu referências secretas a mestres do ocultismo — de Athanasius Kircher a Paracelso — tal como Orlok se escondeu em caixões carregados de terra e infestados de ratos até Bremen.

Comecemos com o mais medonho dos eventos que aceleraram o nascimento de *Nosferatu*: a Primeira Guerra Mundial.

CAPÍTULO 1
CONTEXTO

A CULTURA DA ERA WEIMAR

> Anos se passaram. O terror da guerra já não é mais visível nos olhos dos homens; mas algo dele permaneceu. O sofrimento e a tristeza enfraqueceram o coração do ser humano e, aos poucos, despertaram o desejo de compreender o que há por trás desse evento monstruoso que assolou a Terra igual a um vampiro cósmico, sugando o sangue de milhões e milhões de homens.
>
> Albin Grau, *Vampires* (Vampiros, 1921)

De forma consciente ou não, todos os filmes expressam algo da época em que foram feitos. Desde a publicação, em 1947, do estudo sociológico de Siegfried Kracauer, *De Caligari a Hitler* (ver Introdução), tem sido amplamente aceito que os filmes produzidos durante o breve experimento democrático da República de Weimar foram excepcionalmente ricos em seu tratamento alegórico, e não tão alegórico, dos desejos populares, ansiedades, alucinações e medos. Com frequência, *Nosferatu* tem sido visto na ilustre companhia da primeira leva de filmes de Fritz Lang sobre o mestre do crime Dr. Mabuse, como um dos documentos marcantes sobre o aspecto sombrio da cultura weimariana.

Albin Grau, um ocultista de longa data que foi tanto o produtor quanto o designer de *Nosferatu*, comparou a guerra recém-travada a um "vampiro cósmico", sugerindo que, ao menos, algumas das ansiedades dramatizadas que tornam o filme tão duradouro e potente foram bem compreendidas por seus criadores. Entre os temas predominantes estão a destrutividade humana, a degradação moral e física, a insanidade individual e coletiva, o horror instintivo de cadáveres e a luta eternamente fadada da vida contra a morte. Sem dúvida, esses são temas antigos da arte trágica, porém, como destaca o ensaio de Grau, eles também possuíam uma relevância aguçada para o ano de 1921.

A situação da Alemanha o período após o armistício de 1918 — assinado apenas três anos antes do início das filmagens de *Nosferatu* — foi descrito de forma primorosa por Lotte Eisner na abertura de seu envolvente relato sobre o cinema da era Weimar, *A Tela Demoníaca* (*L´Écran Démoniaque*, 1952; traduzido para o inglês como *The Haunted Screen* em 1969, e para o português brasileiro em 2007). Centenas de jovens homens alemães perderam a vida e suas famílias mergulharam no luto, assim como as famílias enlutadas da França e da Inglaterra, porém, sem o gélido consolo de uma vitória nítida. Veteranos de guerra mutilados e desfigurados mendigavam nas ruas de cidades como Munique e Berlim, um sombrio lembrete constante das atrocidades recentes.

A autoconfiança nacional alemã havia sido destroçada por uma derrota militar esmagadora; o que restou da economia estava em ruínas. Os termos punitivos, para não dizer humilhantes, das reparações de guerra estabelecidos pelo Tratado de Versalhes agravaram essa condição. A notória inflação, e depois, a terrível hiperinflação do marco durante o período Weimar já eram evidentes em 1922, o ano do lançamento de *Nosferatu*. No entanto, havia um pesadelo ainda maior no imaginário popular. A Alemanha fora uma das nações atingidas pela temível pandemia de gripe espanhola de 1918–19, responsável por matar mais pessoas ao redor do mundo do que todas as armas e bombas dos quatro anos anteriores. O público da época, ao assistir *Nosferatu*, com suas cenas perturbadoras de ratos contaminados e enterros em massa, conhecia os terrores do contágio de forma íntima.

Os líderes social-democratas da República de Weimar foram muito pressionados a manter um equilíbrio entre as forças violentas desencadeadas pela derrota. Rumores se espalhavam de maneira desenfreada: o país havia sido vendido, sussurravam ou gritavam os apoiadores do *kaiser*, por uma conspiração de judeus e socialistas. Agitadores à esquerda acusavam o governo moderado de trair os trabalhadores e de privá-los da oportunidade de uma revolução aos moldes russos. O movimento Espartaquista tentou impulsionar revoluções no estilo soviético em 1919; no ano seguinte, em 13 de março de 1920, ocorreu o *Kapp-Putsch*, quando 5 mil soldados do *Freikorps* ocuparam Berlim e instalaram o jornalista de extrema-direita Wolfgang Kapp como chanceler. Essa tentativa de golpe de estado durou apenas quatro dias. Mais tarde, ocorreriam revoltas ainda maiores.

Por fim, o colapso da economia alemã foi acompanhado por um colapso dos valores tradicionais; alguns observadores contemporâneos descreveram a Berlim de 1922 como uma nova Sodoma, onde era possível se entregar a todos os vícios conhecidos, em especial por quem possuísse dólares ou outras moedas fortes. Por outro lado, a sensação de que tudo estava à beira do abismo era emocionante para alguns, principalmente para os jovens que ansiavam ver uma Alemanha reconstruída do zero; e as artes vanguardistas, que haviam começado a florescer no período pré-guerra, incluindo a pintura expressionista, fizeram um retorno dramático. A cultura da era Weimar detinha uma riqueza sem paralelo, e o cinema dessa época é, às vezes, descrito como o auge da produção cinematográfica alemã.

Tudo isso é amplamente reconhecido. Menos lembrado é o enorme renascimento do ocultismo na Alemanha dessa época — no qual Grau desempenhou um papel de liderança. Nas palavras de Eisner:

> O misticismo e a magia, bem como as forças sombrias com as quais os alemães sempre estiveram mais propensos a se envolver, haviam florescido ante a chacina nos campos de batalha. [...] E os

> fantasmas que assombraram os românticos alemães foram revividos, como as sombras de Hades reanimadas pelo sangue. Isso proporcionou um novo estímulo à infindável atração pelo que é obscuro e indefinido, impulsionando o tipo de reflexão especulativa e contemplativa conhecida como *Grübelei*.[22]

O que significa que a natureza sobrenatural e macabra de *Nosferatu* estava em voga em 1922; e a expectativa dos produtores de que ele atrairia um público substancial era compreensível. Considere quantos dos clássicos do cinema da era Weimar possuíam elementos macabros ou sobrenaturais: *O Gabinete do Dr. Caligari* (*Das Kabinett des Dr. Caligari*, 1920, dirigido por Robert Wiene); *O Golem — Como Veio ao Mundo* (*Der Golem*, 1920, dirigido por Paul Wegener); *A Morte Cansada* (*Der Müde Tod*, 1921, dirigido por Fritz Lang); assim como *O Garoto Vestido de Azul* (*Der Knabe in Blau*, 1919), *Satanás* (*Satanas*, 1920), *A Cabeça de Janus* (*Der Januskopf*, 1920, uma versão de *Dr. Jekyll e Sr. Hyde* de Stevenson) e *Fausto* (*Faust*, 1926)... todos dirigidos por Friedrich Wilhelm Murnau.

MURNAU

Em uma época em que muitos, se não a maioria, dos diretores de cinema ao redor do mundo eram desprovidos de educação superior e, com frequência, de origens humildes, Murnau se destacava não apenas por ser um jovem cavalheiro de uma família com condições (e, em certo momento, abastada), mas também por ser um esteta, um intelectual e um acadêmico de literatura e arte, que trocou sua carreira acadêmica pelo palco e pelo cinema. Em uma entrevista para a *Cahiers du cinéma* (agosto de 1961), Edgar G. Ulmer, que trabalhara como assistente de Murnau antes de se tornar um cineasta, afirmou que jamais existiu um diretor tão culto.

Murnau nasceu em Bielefeld, na província de Vestfália, em 28 de dezembro de 1888, sendo o segundo de três filhos do segundo casamento de seu pai; do primeiro casamento, tinha duas meias-irmãs, Ida e Anna.

Seu pai, Heinrich Plumpe, foi um próspero fabricante de tecidos; sua mãe, Otilie, nome de solteira Volbracht, às vezes trabalhava como professora. Seu nome de batismo era Friedrich Wilhelm Plumpe: "Murnau" era um nome artístico.

De acordo com Robert Plumpe, seu irmão mais velho, os antepassados da família sofreram de uma inquietude crônica ao longo dos séculos, raramente se estabelecendo em um único lugar por mais de alguns anos. Do Taiti, próximo ao final da vida, Murnau escreveu para sua mãe: "Não me sinto em casa em nenhum lar e em nenhum país". No Natal de 1920, cerca de dezoito meses antes de começarem as filmagens de *Nosferatu*, Wilhelm — como era chamado por sua família — passou as festividades com Robert e sua esposa na casa nova deles. Até a guerra, ele havia demonstrado pouco interesse em seus ancestrais, mas a experiência do combate parece ter despertado nele um senso de conexão familiar.

Robert, que havia investigado a ancestralidade da família, ofereceu a Wilhelm uma detalhada explicação sobre suas antigas raízes. Seus antepassados eram suecos, mas haviam se mudado para a Pomerânia por volta de 1000 D.C. Em torno de 1350, eles foram agraciados com um brasão — Robert havia recentemente redescoberto— e se estabeleceram em uma grande propriedade em Varzmin. No entanto, essa era uma região devastada por conflitos e, ao se aproximar do fim da Guerra dos Trinta Anos, Peter von Plumpe vendeu a propriedade e se mudou para Vestfália. Friedrich ficou intrigado por um detalhe peculiar desse relato:

> Quando contei a Wilhelm que duas mulheres da nossa família haviam sido queimadas como bruxas em Recklinghausen, ele me olhou incrédulo, porém, ávido para que eu o convencesse.
>
> "Sim," disse eu, "é verdade. Aconteceu em 1650. Ainda preciso investigar mais para descobrir se uma das filhas, Trine Plumpe, também foi queimada. De qualquer modo, a mãe e a avó de Trine foram, e ela própria foi acusada de bruxaria e aprisionada na Torre de Horneburg."
>
> Wilhelm pareceu bastante abalado com essa revelação e mergulhou numa reflexão profunda.[23]

O sobrenatural parecia estar no sangue de Murnau.

Na década de 1880, a família Plumpe morava em uma casa em Bahnhofstrasse, local que mais tarde seria transformado em um cinema. Contudo, quando Wilhelm ainda era um garoto, Heinrich decidiu abandonar a indústria para viver a vida de um cavalheiro do campo. Em 1892, conforme Robert recordou:

> Ele vendeu a empresa e adquiriu uma propriedade magnífica em Wilhelmshöhe, perto de Kassel, com uma vasta quantidade de terra, áreas de caça, uma carruagem e um cavalo. Nós, as crianças, ficamos encantados. O jardim oferecia tudo o que poderíamos desejar — uma gangorra, uma barra horizontal, um trapézio e todas as coisas encontramos hoje em parquinhos infantis. Era um verdadeiro paraíso em miniatura.[24]

Todavia, um paraíso de vida curta: *herr* Plumpe fez um investimento catastrófico em um novo processo industrial e perdeu a maior parte de sua fortuna. A família se mudou então para um apartamento alugado.

Como esperado, dada a natureza de sua obra futura, Wilhelm foi um garoto sensível e imaginativo, frequentemente absorto em devaneios. Foi um leitor voraz e precoce e, aos 12 anos, já estava familiarizado com Dostoiévski, Ibsen, Nietzsche, Schopenhauer e Shakespeare. Preocupado que a obsessão por livros pudesse prejudicar a saúde do filho, seu pai o levava de férias para a ilha de Juist, onde arrancava o livro de suas mãos e o mandava observar a natureza com atenção. A estratégia deu certo: Wilhelm se tornou um nadador entusiasta, aprendeu a velejar e passava horas a fio apenas contemplando o oceano — de forma muito similar à Ellen aguardando o retorno de Hutter em *Nosferatu*. Eisner sugere que as paisagens interioranas de sua infância foram uma enorme influência em seus filmes.

Durante a infância, seu principal deleite era encenar peças em seu teatro de marionetes — inicialmente um brinquedo modesto, que logo foi substituído por uma estrutura muito maior e mais completa, construída por seus irmãos mais habilidosos, contendo iluminação, um alçapão e extensões de cenário. Ele persuadia os irmãos a interpretar papéis escritos por ele, muitas vezes baseados na última peça que ele havia visto no teatro local, e cobrava ingresso para financiar futuras produções.

Com o passar do tempo, Wilhelm tornou-se um aluno de destaque, sempre no topo da classe, embora seus contemporâneos enfatizassem que ele jamais demonstrou arrogância e era muito benquisto. Seu pai não aprovava suas predileções artísticas e acadêmicas, mas cedeu aos apelos da esposa e permitiu que Wilhelm se envolvesse ainda mais nesse meio, chegando ao ponto de financiar custosas expedições para a França, Suíça e outros países durante as férias escolares. É possível que o pai de Wilhelm já suspeitasse que o filho fosse gay. Como aponta Lotte Eisner, com justificável indignação humana: "Murnau, nascido em 1888, viveu sob a agourenta sombra do desumano Parágrafo 175 do Código Penal alemão, anterior a 1918, que pesava sobre ele e sobre os demais como ele". Alguns críticos, incluindo o cineasta Stan Brakhage, sugeriram que a identidade homossexual de Murnau, mantida cuidadosamente em segredo até sua viagem aos Mares do Sul, era o tema implícito da maioria, senão de todos os seus filmes.

Após obter o *baccalauréat* — ele se graduou *cum laude* em 1907 —, Wilhelm foi estudar Filologia em Berlim, acompanhado do melhor amigo Hans Ehrenbaum-Degele, um poeta inexperiente, filho de uma famosa cantora de ópera, Mary Ehrenbaum-Degele, e um banqueiro judeu.

Vale mencionar que Murnau foi amigo e protegeu vários judeus e judias ao longo de toda a sua breve vida; se há alguma verdade na alegação de que o Conde Orlok representa uma fantasia antissemita, é bastante improvável que tal ideia tenha se originado de forma consciente pelo diretor. Um de seus colegas de elenco na trupe de Reinhardt, Alexander Granach (que interpreta Knock em *Nosferatu*), recordou em sua autobiografia *Da geht ein Mensch* (traduzido como *Lá Se Vai Um Ator*) de como Murnau, "sempre cavalheiresco, o defendeu, um pequeno judeu da Galícia cujo alemão era ainda imperfeito, dos ataques antissemitas do professor Held, que era ele próprio judeu".[25]

Além de amigos, é provável que Wilhelm e Hans tenham sido amantes — essa é uma das hipóteses levantadas por Jim Shepard em seu romance biográfico sobre Murnau, *Nosferatu in Love* (*Nosferatu Apaixonado*, 1998), fruto de uma pesquisa minuciosa. Apesar de ser verdade ou não, os pais de Hans acolheram Wilhelm como um filho, e seu pai presenteava ambos os rapazes de forma generosa. Foi também durante esse período que Wilhelm fez importantes amizades com outros jovens artistas e escritores, sendo o mais notável Franz Marc, pintor expressionista.

Durante seus anos de educação superior, Wilhelm frequentou diferentes cursos, incluindo Literatura Romântica Alemã, Shakespeare e História da Arte Alemã. Ele também estudou o *Nibelungenlied* (*A Canção dos Nibelungos*), uma Introdução ao Inglês Antigo, "Explanação de Monumentos", "Questões Básicas de Ética", "Leituras em Carlyle", "Lutero", "Lessing" e "Falar em Público". Entre os artistas que estudou estavam Albrecht Dürer, Matthias Grünewald e Hans Holbein. Seu principal professor de arte foi Carl Neumann (1860–1934), um especialista em Rembrandt (há pelo menos uma alusão direta ao pintor holandês em *Nosferatu*). Ele estava se encaminhando para um doutorado e, nos anos posteriores, foi com frequência referido como "*herr* Doctor". No entanto, abandonou os estudos quando uma carreira mais atraente se apresentou para ele.

O renomado diretor Max Reinhardt viu Wilhelm atuando em uma produção estudantil em Heidelberg e ficou tão impressionado que convidou o rapaz para se juntar à sua escola de atuação. Wilhelm abandonou os estudos no final do semestre de verão em 1911. O mundo do teatro e do cinema estavam intimamente interligados, e é impressionante que três dos principais criadores de *Nosferatu* tenham sido veteranos da companhia de Reinhardt: Murnau; Henrik Galeen, o roteirista; Max Schreck, o ator principal (o nome "Schreck", que significa "pavor" em alemão, era o sobrenome verdadeiro do ator, embora frequentemente presumissem se tratar de um nome artístico apropriado). Murnau saiu em turnê com a companhia por Budapeste, Salzburgo e Viena. Um dos atrativos de trabalhar para Reinhardt deve ter sido sua atitude amigável com homossexuais; embora ele próprio fosse um heterossexual devoto, Reinhardt oferecia um ambiente seguro onde seus associados podiam ser abertos e despreocupados a respeito de suas verdadeiras identidades.

A decisão de Murnau de abandonar os estudos e se tornar um ator foi a gota d'água para seu pai. "Não, nenhum centavo a mais," disse ele. "Paguei para que ele se tornasse um professor, não um ator esfomeado." Sem o conhecimento do marido, a mãe de Wilhelm pediu para o próprio pai enviar pequenas quantias regulares de dinheiro ao neto. Foi nessa época que Wilhelm adotou a postura inflexível, mantida até cerca de 1920, de cortar laços com toda a família, exceto a mãe e quase todos os amigos que conhecera na época de escola. Foi também quando ele abandonou o nome do pai e adotou o nome artístico "Murnau" — uma referência à colônia artística da Alta Baviera, Murnau am Staffelsee, que ele havia visitado com Hans.

A carreira inicial de Murnau no teatro foi interrompida pela Primeira Guerra Mundial. Ele foi convocado pelo Primeiro Regimento de Soldados de Infantaria em outubro de 1914 e alocado em Potsdam. Após participar de combates intensos, foi promovido a oficial e depois se tornou comandante de companhia em Riga. Hans, seu amigo ou amante, havia se voluntariado em 1914, e enviava a Wilhelm uma série contínua de cartas do fronte, bem como um livreto com seus poemas recentes, um dos quais parecia ser uma premonição de sua morte: "Cave Sua Cova Mais Fundo, Soldado...". Hans foi morto em combate pouco depois, em 1915.

Murnau ficou devastado; esse pode ter sido o maior choque emocional de sua vida. Mas isso o aproximou ainda mais da família de Hans, e ele passou sua licença de 1916 na casa deles em Berlim. Pouco depois dessa estadia, o pai de Hans também faleceu. Outra vez de luto, a viúva Mary intensificou ainda mais seu carinho por Wilhelm e, quando ela faleceu alguns anos mais tarde, deixou a casa da família para a Universidade de Berlim, sob a condição de permitirem a estadia do rapaz lá por quanto tempo desejasse.

Murnau parece ter achado a vida na infantaria insuportável, devido mais aos longos períodos de intenso tédio do que por qualquer perigo em si. Em 1917, ele se voluntariou como observador para a Luftwaffe, a Força Aérea Alemã. Sua solicitação foi aceita e ele foi designado para um chalé abandonado próximo a Verdun com seus novos companheiros. Lá, ele se tornou um piloto de caça, realizando diversas missões de voo pela França e sobrevivendo a nada menos que oito acidentes aéreos, sem nenhum ferimento grave. Mais tarde, ele escreveria sobre o puro êxtase de voar, levando à sugestão de que a experiência tenha influenciado seu estilo de câmera, principalmente em *Fausto*.

Um de seus colegas na época, o major Wolfgang Schramm, recordava-se dele como "uma fascinante combinação de cigano errante com cavalheiro erudito". A lembrança do major Schramm revela uma percepção singular:

> Ele dormia no maior quarto do chalé, arrumado com extremo bom gosto. Tudo ao seu redor era limpo e bem organizado; quando você o visitava, se esquecia da guerra e fazia uma visita cortês e civilizada. Em cada missão, em cada voo, ele aplicava em tudo o mesmo cuidado e atenção com que organizava o próprio quarto, e apesar da natureza árdua do nosso trabalho, ele sempre conseguia adicionar um toque de beleza e até mesmo de ternura a tudo. Não precisava ser um psicólogo para saber que alguém assim deixaria sua marca.[26]

Schramm também relata uma anedota esclarecedora sobre Murnau enquanto um mestre de entretenimentos sombrios. Sob as demandas rotineiras de seus colegas oficiais, Murnau se acomodava junto ao fogo, as longas pernas esticadas, tamborilando os longos e esguios dedos no ritmo de um refrão, e declamava um poema popular: "Der Todspieler", também conhecido como "O Pianista da Morte". Noite após noite, a plateia se assistia fascinada e aplaudia de forma efusiva sua brilhante interpretação. Após um breve intervalo, Murnau recitava outro poema favorito, "Três Velhos Soldados de Cavalaria Sentados em Torno da Lareira do Paraíso". Mais uma vez, seus companheiros ficavam encantados. Schramm continua:

> Na manhã seguinte, como todos os demais pilotos de Sua Majestade, ele retornava ao trabalho; vestido com um descuido estudado, sua silhueta altiva criava em torno de si uma atmosfera um tanto inquietante. Seu uniforme estava impecável, e a única excentricidade era um longo bastão feito de uma hélice cravejada de balas, com uma empunhadura em formato de cogumelo. Logo, todos nós adotamos o mesmo tipo de bastão. Murnau costumava ditar nossas modas e costumes. Ele era a autoridade legitimada em sua seção para todas as atividades culturais e recebia com um sorriso de orgulho qualquer elogio de seus talentos criativos.[27]

Murnau continuou a voar em missões até que, um dia, em dezembro de 1917, seu avião se perdeu em um nevoeiro, e ele foi forçado a fazer um pouso de emergência na Suíça. Não está claro se isso foi um verdadeiro erro de navegação ou um ato dissimulado de deserção livre de culpa. Ele passou a última parte da guerra como prisioneiro em um campo de guerra em Andermatt. As condições ali parecem ter sido surpreendentemente agradáveis, e Murnau passou grande parte do tempo atuando ou encenando peças amadoras. A certa altura, o governo suíço promoveu uma competição para a melhor produção de um drama nacionalista, *Marignano*. Os internos do campo estavam aptos para competir, e a produção de Murnau venceu em primeiro lugar.

Ao ser libertado e desmobilizado em fevereiro de 1919, Murnau retornou a Berlim, mudou-se para a casa dos Degele e fundou uma produtora de filmes independentes com o ator Conrad Veidt: a Murnau Veit Filmgesellschaft. Sua primeira produção foi *O Garoto Vestido de Azul* (*Der Knabe in Blau*, 1919), inspirada na pintura de Gainsborough.

Os três anos seguintes foram intensos e, quando Albin Grau o recrutou para *Nosferatu* em 1921, Murnau já havia realizado outros oito longas-metragens:

Satanás (*Satanas*, 1920)
O Corcunda e a Dançarina (*Der Bucklige und die Tänzerin*, 1920)
A Cabeça de Janus (*Der Januskopf*, 1920)

Crepúsculo – Noite – Manhã (*Abend – Nacht – Morgen*, 1920)
Desejo Ardente (*Sehnsucht*, 1921)
Caminhada Noite Adentro (*Der Gang in die Nacht*, 1921)
O Castelo Maldito (*Schloss Vogelöd: Die Enthüllung eines Geheimnisses*, 1921)
A Contrabandista (*Marizza, genannt die Schmuggler-Madonna*, 1922)

Com trinta e poucos anos, ele havia se estabelecido como um diretor experiente. Alguns descrevem Murnau como detentor de uma personalidade fria, distante, às vezes até autocrática; de fato é assim que John Malkovich o interpreta em *A Sombra do Vampiro* (*Shadow of the Vampire*, 2000). Contudo, o cenógrafo Robert Herlth, que trabalhou em um dos filmes menos conhecidos de Murnau, teve uma impressão muito mais positiva:

> [...] ele sempre estava bem-humorado: nunca ficava realmente zangado, mesmo quando parecia irritado. Nossa equipe era extremamente alegre, sempre pronta para piadas e brincadeiras uns com os outros. Isso se devia, em parte, à exuberância das pessoas, que sabiam estar criando algo excepcional; em parte, também ao espírito da época, em que todos estavam sempre tentando surpreender uns aos outros com novidades.[28]

Ao final da primavera de 1921, ele estava prestes a fazer seu primeiro filme de sucesso.

DRÁCULA

O roteiro de *Nosferatu* foi amplamente baseado em *Drácula* (1897), o romance de Bram Stoker — que, em 1921, ainda não havia alcançado o sucesso internacional de vendas, nem se tornado o nome consolidado que é hoje. Contudo, permanecia sendo editado de forma regular nos anos posteriores à morte de Stoker, em 1912, proporcionando uma renda modesta, porém estável, para sua viúva, Florence — renda que aumentou consideravelmente quando o livro foi adaptado para o teatro em uma produção autorizada. A equipe de *Nosferatu*, que muito provavelmente não sabia da existência de Florence, presumiu que, alterando os nomes e locais da história e trocando o período para alguma era passada — em tese, 1838, o ano do surto real de uma praga na cidade de Bremen — passaria despercebida. Eles estavam equivocados.

A mudança do período trouxe uma série de consequências indiretas. A narrativa de Stoker se beneficia muito do contraste entre a maldade atemporal do Conde e as inovações modernas utilizadas pelas forças do bem, que às vezes serviam como armas: a máquina de escrever, o telégrafo, a transfusão de sangue, a gravação sonora em cilindros e o cronograma dos trens e ferrovias. Murnau, de forma muito precisa, situa a parte "moderna" da ação do filme na era Biedermeier, de modo que a distância entre esse mundo e o ambiente mais "medieval" do meio rural da Transilvânia é muito menos evidente, em especial porque o mundo "moderno" ainda ostenta características de tempos mais antigos: o professor local é curiosamente identificado como um discípulo de Paracelso.

Murnau manteve a tríade de personagens centrais de *Drácula*: o jovem herói, Jonathan Harker, que se torna Hutter; sua noiva e esposa Mina, que se torna Ellen; e o próprio Drácula, agora Conde Orlok. No filme, Drácula/Orlok navega não até Whitby, mas sim até o porto báltico de Wismar; e a praga trazida por ele é uma criação do filme. O professor Abraham Van Helsing, no livro um polímata poderoso e carismático que é o principal adversário de Drácula, torna-se um velho ancião quase ineficaz e patético, que deixa para Ellen a tarefa de derrotar Orlok.

Outros personagens são recriados ou excluídos por inteiro, como o dr. Seward e Quincy. Arthur Holmwood se torna Harding, o amigo de Hutter, e Ruth,* irmã de Harding, não passa de uma versão irreconhecível de Lucy Westenra, a primeira grande vítima inglesa de Drácula, que no romance é transformada em vampira e precisa ser morta com uma estaca. Renfield, o insano devorador de moscas, é transformado na figura cômica e sinistra de Knock, um agente imobiliário e empregador de Hutter. Orlok não possui a companhia das três noivas voluptuosas que acrescentam um tom erótico ao castelo de Drácula; ao contrário, o vampiro suporta a morte-vida em completa solidão; ele também não rejuvenesce misteriosamente, como Drácula. Além disso, ele é horrendo.

O filme preserva um pouco da perseguição empolgante de Drácula cruzando a Europa continental de volta a seu castelo, porém, a desloca do clímax da narrativa para o meio da história: Hutter e Orlok competem para ver quem alcançará Ellen primeiro — o vampiro pelo mar, o humano por terra. Galeen e Murnau também brincam com as regras do vampirismo: de forma mais significativa, eles tornam a exposição à luz do dia fatal para Nosferatu; Drácula, embora perca parte de seus estranhos poderes durante o dia, não teme a luz solar. Nas décadas entre *Nosferatu* e a saga *Crepúsculo*, vampiros cinematográficos quase sempre precisaram se proteger da luz natural. A obra também apresenta o peculiar detalhe sobre a vulnerabilidade do vampiro a uma "mulher pura", o que torna o trágico sacrifício de Ellen tanto possível como inevitável, também é um acréscimo ao folclore criado por Stoker. Ele conecta o filme a outras narrativas românticas de autossacrifício feminino, incluindo o *Holandês Voador* de Wagner.

* A maioria das fontes credita o nome da personagem interpretada por Ruth Landshoff como "Ruth", mas há algumas que a denominam "Anny".

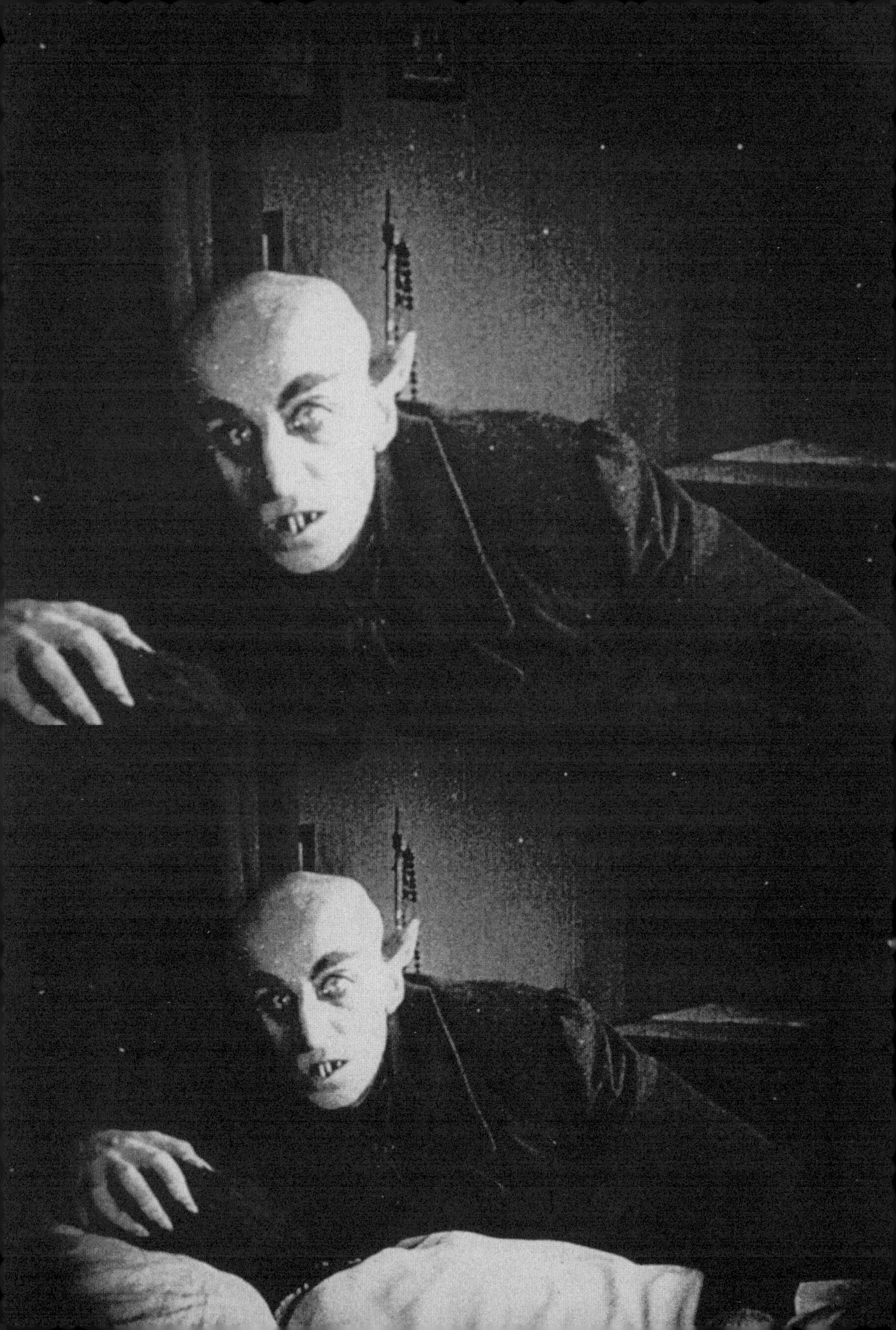

CAPÍTULO 2

PRODUÇÃO

Como observado anteriormente, um dos aspectos que distingue *Nosferatu* de quase todos os outros filmes (e não apenas dos filmes da era Weimar) é o fato de ter sido tanto o produto de uma indústria quanto de uma subcultura: o enigmático mundo alemão das sociedades secretas, das crenças esotéricas, da alquimia, dos rituais mágicos e do hermetismo ocidental. Murnau, segundo recordações de um de seus familiares, era fascinado pelo ocultismo e talvez acreditasse nos poderes genuínos dos praticantes do ocultismo. Contudo, sempre que questionado a respeito da natureza exata de suas crenças sobrenaturais, ele apenas sorria de modo levemente sarcástico. A extensão de seu envolvimento com o ocultismo permanece um mistério, ao menos por enquanto.

Todavia, é notável que ao menos três de seus principais colaboradores no projeto fossem proeminentes ocultistas alemães. Werner Spies, amigo íntimo de Murnau e designado como "consultor artístico" em *Nosferatu*, era um devoto estudioso do Egito Antigo, interessado desde a linguagem escrita até a religião e seus (supostos) mistérios. Henrik Galeen, o roteirista, era membro de uma loja Rosacruz. E o homem que concebeu *Nosferatu*, imaginou o seu mundo e atribuiu a Murnau a tarefa de trazer sua visão sombria para a tela grande foi, é claro, Albin Grau.

ALBIN GRAU

Nascido em 22 de dezembro de 1884, Grau beirava os 40 quando conheceu Murnau (e não aos 66 anos, como afirmam algumas fontes). Ao longo de sua vida, Grau foi um membro ativo e ocupou posições de alto escalão de dois ou possivelmente mais grupos ocultistas. No início da década de 1920, Grau havia se associado ao mais influente guru da Alemanha, Heinrich Tränker, que havia criado uma espécie de religião a partir de tradições diversas, incluindo o rosacrucismo, a teosofia, a maçonaria, entre outras similares e chamou seu sistema sincrético de "pansofia". Em 1921, ano da pré-produção e das gravações de *Nosferatu*, ele se autointitulou "Grão-Mestre" da Grande Loja Pansofista do Oriente. A organização contava com cerca de cem membros pagantes, incluindo Grau, que recebeu o título pouco promissor de "Mestre da Cadeira" e o nome cerimonial "Pacitius". Os membros apreciavam se fantasiar com longas túnicas, adornadas com símbolos arcanos.

Em maio de 1921, Tränker foi abordado pela Ordo Templi Orientis (OTO), a maior e mais internacionalmente ativa organização ocultista do mundo. Ele aceitou o convite para unir forças e foi nomeado Grão-Mestre da OTO da Alemanha. (Nem Grau nem qualquer outro dos pansofistas seguiram seu caminho). De forma inevitável, isso conduziu Tränker a se corresponder com o Grão-Mestre dos Estados Unidos e do Reino Unido: Aleister Crowley, o autointitulado "Grande Besta" e, de acordo com a imprensa sensacionalista da Inglaterra, o "homem mais perverso do mundo".

Em novembro de 1921, por volta da mesma época da edição de *Nosferatu*, Crowley tomou o controle da OTO e tornou-a um veículo para a sua própria crença religiosa autoelaborada, a Thelema. As discussões acaloradas e os conflitos desencadeados por sua decisão pautaram a vida de Grau pelos três anos seguintes, mais ou menos. De forma bem resumida, Crowley e Tränker começaram a se corresponder — de modo desajeitado, pois nenhum dos dois falava o idioma do outro — e, em algum momento, Tränker convidou Crowley para passar várias semanas na Alemanha. Ele também parece ter solicitado a Grau que fizesse um documentário sobre a viagem de Crowley. O diretor E. Elias Merhige, ao comentar sobre *A Sombra do Vampiro*, fez uma referência a essa filmagem; porém, se Grau chegou a fazê-la, até hoje, não foi descoberta.

Crowley, agindo como de costume, tentou tomar o controle da OTO alemã de Tränker. O mago alemão ficou tão enfurecido com isso que não apenas resistiu, como tentou persuadir as autoridades a deportarem Crowley. Embora também estivesse descontente com a tentativa de golpe, Grau achou que Tränker havia cometido uma grave violação da hospitalidade ocultista e exigiu a renúncia do líder. Tränker se recusou, e assim a Grande Loja Pansofista foi dissolvida. Cerca de dois terços dos membros se agruparam outra vez para formar a *Fraternitas Saturni*, ou Irmandade de Saturno. O posto de Mestre foi oferecido a Grau, mas ele recusou.

Embora muitas pessoas fossem vítimas do carisma mágico de Crowley na década de 1920, Grau não foi uma delas. Em sua biografia de Crowley, *The Great Beast* (*A Grande Besta*), John Symonds (que aparentemente desconhecia as atividades de Grau fora do mundo das sociedades secretas) declarou que "um certo Albin Grau", membro da OTO, ficou horrorizado pelos sentimentos anticristãos de *O Livro da Lei* (*Book of the Law*) de Crowley, a suposta 'Bíblia da Crowleynidade'. Grau escreveu:

> Para meu horror, obtive um vislumbre real da futura reconstrução, conforme planejada por AA, de uma ordem mundial primitiva, que remete aos dias mais sombrios de Atlântida. Se essas ideias fossem do meu conhecimento na época, o sir Crowley [*sic:* embora seja verdade que Crowley gostasse de posar como um cavaleiro real] pode ter a certeza de que eu não teria me colocado tão prontamente diante da carruagem de AA.[29]

Esses detalhes não devem ser interpretados como indício de que *Nosferatu* é uma obra codificada de crenças ocultistas — ao estilo, por exemplo, de *Lucifer Rising* (*A Ascensão de Lúcifer*) de Kenneth Anger — em vez de uma narrativa sobrenatural. Porém, o envolvimento apaixonado de Grau com a política ocultista e sua intensa busca por revelações místicas afetaram de forma profunda toda a produção, em muitos níveis. Até mesmo o nome escolhido por Grau para sua produtora torna isso evidente: Prana-Film. Ele teria conhecido a palavra "Prana" por meio dos praticantes de ioga, ou da revista teosófica alemã pré-guerra de mesmo nome. A palavra em sânscrito foi traduzida de forma variada como "respiração" e "sopro de vida", ou de forma mais livre como "força vital". O logotipo da Prana-Film foi inspirado no clássico círculo do yin-yang.

A Prana-Film foi fundada em janeiro de 1921, por Grau e o empresário Enrico Dieckmann, com um investimento inicial de 20 mil marcos. A empresa anunciou uma agenda ambiciosa de produções, quase todas permeadas por elementos sobrenaturais ou macabros, incluindo *Höllenträume* (*Sonhos do Inferno*) e *Der Sumpfteufel* (*O Diabo do Pântano*)... e *Nosferatu*. Por fim, *Nosferatu* acabou sendo a primeira, última e única produção da Prana-Film.

Grau criou uma série de esboços e pinturas detalhados para o filme, muitos dos quais — incluindo as cenas em que Hutter e Ellen, na cama, são ameaçados por Nosferatu — foram preservados quase integralmente na versão final do filme. Em alguns desses desenhos, a criatura vampiresca não aparece em forma humanoide, mas como uma espécie de híbrido entre um tamanduá voador, com uma longa tromba, e um tatu. (Curiosamente, essa figura antecipa os tatus que povoam os arredores do castelo de Drácula, na Transilvânia, no *Drácula* de Tod Browning). Essa estranha criaturinha, mais encantadora do que horrorosa, apareceu até mesmo em alguns pôsteres do filme. Em outras ilustrações, o vampiro é retratado como uma entidade grande e poderosa, com a robustez masculina de um super-herói dos quadrinhos. Em uma das obras de Grau, Nosferatu parece estar disparando feixes de luz dos olhos, imagem que inspirou E. Elias Merhige para a cena de *A Sombra do Vampiro* em que Orlok/Schreck descobre as maravilhas do projetor de cinema.

O estilo visual de Grau foi profundamente influenciado, segundo ele mesmo, pelo trabalho do artista Hugo Steiner-Prag, que havia ilustrado uma edição do romance *O Golem*, de Gustav Meyrink (livro que serviu de base para o filme *Der Golem,* dirigido Paul Wegener e coescrito por Henrik Galeen). À medida que Grau refinava suas ideias, ele desenvolveu uma representação do rosto de Nosferatu que é quase idêntica à que conhecemos hoje; também inspirada em um monstro desenhado por Steiner-Prag, embora Christopher Frayling tenha defendido, com argumentos convincentes, que tanto o artista quanto Grau devem ter se inspirado na figura do íncubo ameaçador na célebre pintura sobrenatural "O Pesadelo" ("The Nightmare", 1781) de Henry Fuseli.

Grau contratou Galeen para redigir o roteiro. Por sorte, a cópia de Murnau do roteiro foi preservada e ela revela tanto as ideias originais de Galeen quanto — em uma série de rascunhos e anotações fascinantes nas margens — as modificações e acréscimos de Murnau ao texto. (Nos capítulos seguintes, essas anotações marginais de Murnau aparecem em **negrito**, seguindo o exemplo do apêndice do livro *Murnau,* de Eisner.) Por vezes, os comentários de Murnau são tão detalhados que nos dão a impressão de poder visualizar seu processo criativo, revirando possibilidades, adicionando nuances e atribuindo sua personalidade ao filme. Ele realizou esboços dos cenários e dos posicionamentos de câmera; desenhou diagramas repetidas vezes, muito semelhantes a uma grade de jogo da velha, utilizados para listar os personagens, suas vestimentas e os horários das cenas.

O roteiro de Galeen destaca-se por sua singularidade em relação aos formatos convencionais de roteiros que conhecemos hoje. Ele possui a estrutura de um poema alemão expressionista da época, com linhas quebradas, um ritmo *staccato*, frases incompletas, uso enfático de letras maiúsculas, enorme quantidade de reticências, e uma pitada generosa de pontos de exclamação. Veja um exemplo da cena 74:[30]

> Todavia, na areia... algo se move com violência... alguma coisa está viva... e salta... criaturas horríveis... ratos!!!
>
> Um trabalhador do cais, ao se inclinar para remover a areia, se volta de forma abrupta. Teria um dos animais... cambaleando do golpe... mordido seu pé?

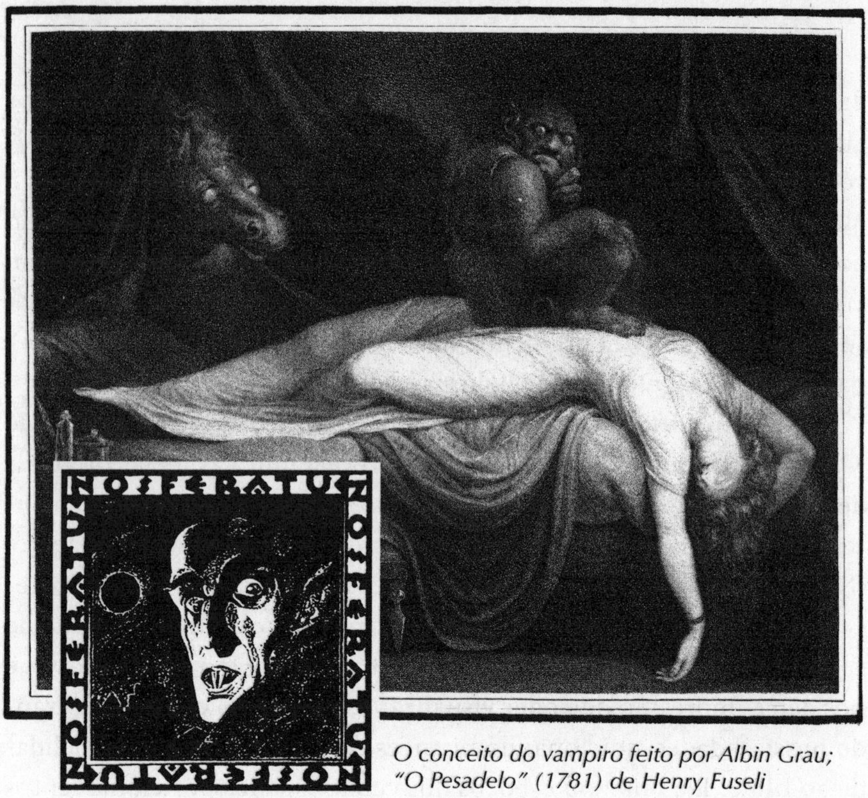

O conceito do vampiro feito por Albin Grau;
"O Pesadelo" (1781) de Henry Fuseli

Da cena 99:

> O capitão mantém-se atento ao leme. Então, da portinhola, o imediato surge... seu cabelo se tornou cinza... sua face reflete a insanidade... ele está espumando pela boca... tentando escapar... dá voltas em círculo de forma delirante... perde o senso de direção... não enxerga a balaustrada... e a ultrapassa, caindo de cabeça.
>
> O capitão observa horrorizado. Agora, ele está completamente sozinho, mas seu rosto permanece determinado. Ele junta uma corda e se amarra ao leme, para não se sentir tentado a abandoná-lo. Assim, ele aguarda o horror.

É uma leitura cativante. Agora, tudo o que Grau precisava era de um diretor. Ele recorreu a Murnau, a quem havia conhecido durante a produção de *Caminhada Noite Adentro* (*Journey Into Night*) em 1920.

TOMADAS EXTERNAS

A equipe se reuniu para uma filmagem externa no verão de 1921, com Fritz Arno Wagner como operador de câmera; Wagner tinha a reputação de ser um dos melhores do ramo na UFA.* (Os outros grandes cineastas alemães da época incluíam Karl Freund, Eugen Schüfftan — ambos com fama mais duradoura — Guido Seeber, Carl Hoffmann, Curt Courant, Günther Rittau, Reimar Kuntze e Franz Planer.)

Elenco principal:

Max Schreck — Conde Orlok
Gustav von Wangenheim — Hutter
Greta Schröder — Ellen, a esposa de Hutter
G. H. Schnell — Harding, um construtor de navios
Ruth Landshoff — Ruth [Anny], a irmã de Harding
Gustav Botz — Professor Sievers, o doutor da cidade
Alexander Granach — Knock, um agente imobiliário
John Gottowt — Professor Bulwer, um paracelsiano
Max Nemetz — O capitão do navio
Wolfgang Heinz — Primeiro marinheiro
Albert Venohr — Segundo marinheiro

As filmagens externas começaram no início de julho de 1921. Após deixarem Berlim, a equipe fez sua primeira parada em Lübeck, que proporcionou diversas tomadas exteriores importantes, incluindo a casa de Hutter e o sinistro prédio em ruínas do outro lado da rua da casa de Hutter — na realidade, um conjunto de antigos armazéns de sal — onde Orlok se esconde.

Em meados de julho, a produção se deslocou cerca de 60 quilômetros até Wismar. A primeira de todas as cenas do filme foi capturada lá, de uma plataforma dentro da torre da igreja de Santa Maria, utilizando a ferramenta preferida de Murnau, uma lente telescópica. Edgar

* Universum Film AG, ou, como é mais conhecida, UFA, foi a rede de estúdios cinematográficos mais importante da Alemanha durante a República de Weimar e o Terceiro Reich. Agora parte do grupo Bertelsmann, continua em atuação.

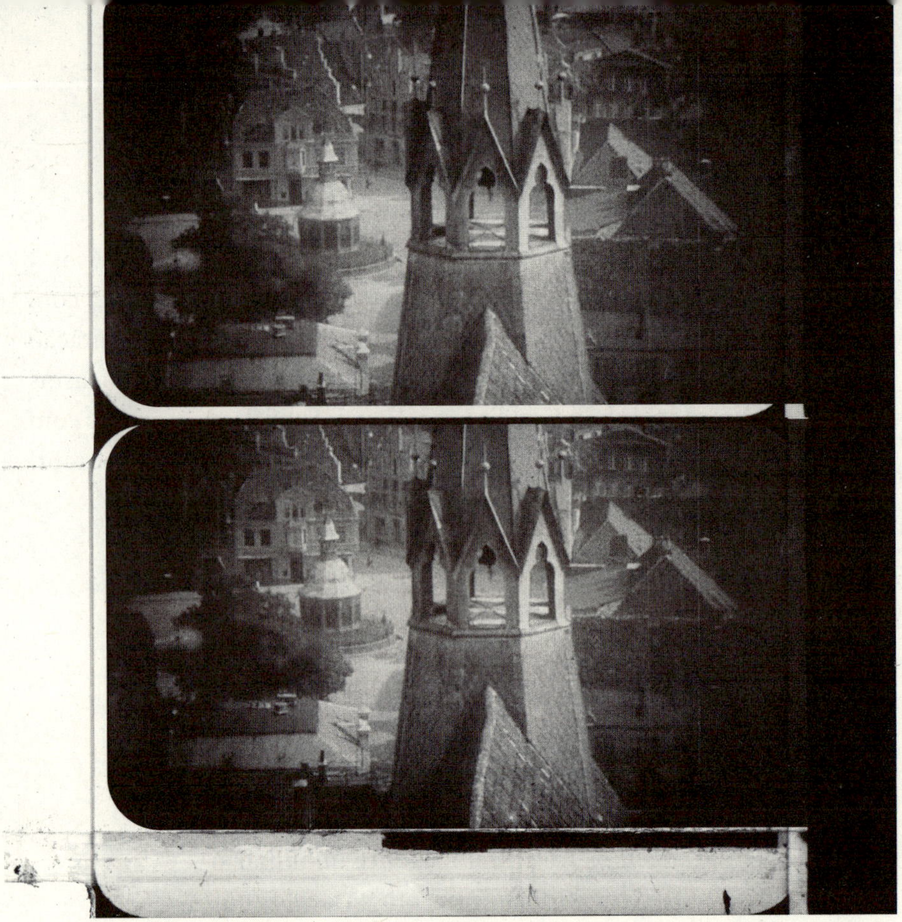

Wismar, igreja de Santa Maria, a cena de abertura do filme

G. Ulmer, que mais tarde se tornaria um diretor de renome por mérito próprio, foi assistente de design de cenário em vários filmes de Murnau. Anos mais tarde, ele se recordaria que:

> Murnau sempre optava por uma lente telescópica para cenas que poderiam ter sido filmadas com outras lentes. [...] Onde outros diretores filmariam com uma distância focal de 32 ou 24, Murnau realizava essas tomadas com uma distância focal de 75 — ele dominava o uso dessas lentes, pois conhecia seus segredos.[31]

Há geralmente três motivos para diretores optarem por lentes de longa distância em detrimento das mais convencionais: (a) para filmar a certa distância dos atores, permitindo que atuem de forma mais livre e espontânea, menos conscientes da proximidade da câmera; (b) para criar uma profundidade de campo mais rasa em torno dos atores ou de outros objetos; (c) para produzir um efeito de "achatamento" na imagem.[32] Considerando o estilo expressivo de atuação predominante no filme, é seguro presumir que as intenções de Murnau visavam principalmente à composição visual.

Em 31 de julho, a Prana-Film publicou um anúncio na imprensa local, pedindo "trinta a cinquenta" ratos vivos, embora apenas uma dúzia apareça no filme (isso pode ter sido uma piada publicitária sutil: no dia seguinte, um anúncio no mesmo jornal promovia os serviços de um exterminador de ratos). A presença do elenco e da equipe despertaram uma considerável curiosidade local, e o jornal de Wismar publicou artigos sobre a produção em 2 e 3 de agosto.

Wismar é um porto e foi lá, em um cais, que a equipe filmou a intrigante cena em que o navio desliza silenciosamente sobre as águas em direção à cidade, trazendo consigo morte e vida após a morte. A maioria das demais locações ficava apenas a algumas centenas de metros uma da outra: o grande arco de entrada pelo qual Orlok passa carregando seu caixão; o cenário em que Hutter monta em seu cavalo no início de sua jornada (enquanto isso, Max Schreck estava sendo maquiado na mesma hora).

Para as cenas marítimas, a equipe contratou o veleiro *Jürgen* e o rebocou de Wismar até a ilha de Poel. (As cenas na praia, em que Ellen encara o mar com melancolia, foram gravadas em List, na ilha próxima a Sylt). Em 7 de agosto, Walter Spies escreveu para sua mãe descrevendo o entusiasmo de Murnau ao filmar a bordo de um veleiro; tamanho era seu encanto que ele cogitava alugar um navio ainda maior e navegar até "Java ou Honolulu". (Esse foi o início das aventuras que inspiraram seu último filme, *Tabu* [1931]). O próprio Spies gostou da ideia e ponderou sobre a possibilidade de velejar com a equipe até Constantinopla.

Posteriormente, a produção se deslocou para Praga, onde aproveitaram um breve período de férias. Em 17 de agosto, Spies enviou à sua mãe um cartão postal explicando que o próximo destino seria os "Altos Tatras". Durante a estadia em Praga, segundo Grau em um artigo publicado logo após na revista *Bühne und Film*, ele encontrou um de seus amigos do exército, com quem havia servido na Sérvia durante o inverno de 1916. "Ele me tomou com rapidez em seus braços: 'Venha, conheço uma taberna muito antiga na esquina, onde o grande alquimista Rodolfo II certa vez divertiu-se, acompanhado de seu astrólogo Tycho Brahe.'"[33]

O reencontrou reforçou o antigo laço da camaradagem, visto que ambos os homens haviam sido testemunhas, em uma noite enevoada, de uma narrativa peculiar. Aconchegados ao redor de uma fogueira em um pequeno chalé de palha, os soldados alemães — um grupo de desinfestação de cinco homens, encarregados de tentar conter um surto de tifo exantemático — ouviram um velho camponês murmurar uma história sobre forças sobrenaturais malignas.

> "Antes desta maldita guerra, eu estava na Romênia. Você pode desdenhar da minha superstição, mas juro pela mãe de Deus, que eu próprio experimentei aquela horrível sensação de ver um morto-vivo." — "Um morto-vivo?", perguntou um de nós. — "Sim, um morto-vivo, ou um Nosferatu, como são conhecidos os vampiros por lá. Lemos sobre essas criaturas estranhas e perturbadoras e achamos graça dessas histórias folclóricas; mas é aqui, nos Balcãs, que está o verdadeiro berço dos vampiros. Somos perseguidos e atormentados por esses monstros há séculos."[34]

Após enfrentarem dificuldades com a imigração, que confiscou sua câmera — Grau teve de desembolsar 5 mil coroas em supostos "impostos" e mais em alguns subornos — a equipe viajou de diligência até Poprad, onde tiveram seu primeiro vislumbre dos "gigantescos Tatras". Uma árdua subida de 1.700 metros os levou às casas silesianas. Seus condutores não foram os mais cooperativos, insistindo em parar a cada meia hora para um bom gole de álcool. No entanto, eles estavam felizes o bastante para atuar como figurantes e podem ser vistos na sequência em que Hutter é conduzido o mais longe possível, até a passagem para o castelo do conde.

O castelo em ruínas de Trenčiansky hrad, a última cena do filme

De Poprad, eles seguiram viagem, atravessando Kral'ovany e, em 25 de agosto, alcançaram Dolný Kubín. As próximas cenas incluíam a da carruagem "mágica" — filmada em movimento acelerado — e a do "bosque branco", capturada em negativo; a carruagem foi coberta com tecido branco, para aparecer como preta na imagem projetada. Ambas as cenas foram gravadas em Vrátna, cerca de 20 quilômetros de Dolný Kubín.

Por fim, eles chegaram à sua locação mais atmosférica: o semiarruinado castelo de Oravský Podzámok — no filme, o covil de Orlok. Murnau ficou maravilhado ao vê-lo: "Incrível!", disse ele. Lá, eles gravaram algumas das cenas mais memoráveis do filme; a de maior destaque sendo o primeiro encontro entre Hutter e o vampiro. Moradores do vilarejo próximo se aglomeraram ao redor da filmagem, na esperança de poder ajudar com tarefas e atividades, porém, nenhum deles se aproximou de Schreck, tão aterrorizante era sua aparência mesmo em plena luz do dia — e quase toda a filmagem foi realizada durante o dia; o efeito de noite seria obtido na edição, ao se tonalizar todas as cenas noturnas com azul. Até cerca de uma década atrás, a maioria das cópias disponíveis não possuía essa tonalização, tornando a exposição fatal de Nosferatu à luz do dia no final do filme um tanto enigmática para quem não soubesse desse detalhe.

Com a maioria das cenas externas já gravadas e a salvo, eles iniciaram a viagem de retorno a Berlim, parando apenas duas vezes no caminho. A primeira parada foi em Rutga, sobre o rio Váh, que serviu de cenário para a cena na qual Orlok conduz seus caixões rio abaixo em uma balsa. (Até recentemente, a maioria dos mercadores locais usava balsas para transportar mercadorias). Por fim, a última parada foi nas ruínas de Trenčiansky hrad, onde gravaram uma cena improvisada, que foi usada como a cena final do filme. Ela não estava no roteiro original.

TOMADAS INTERNAS

Murnau filmou as cenas internas no estúdio Jofa, no distrito de Johannisthal. Grau incorporou as paisagens descobertas ao longo das filmagens ao projetar os cenários; por exemplo, a porta de entrada em arco pela qual Orlok surge foi modelada a partir de uma já existente em Dolný Kubín; o arco se tornou uma forma recorrente nas tomadas internas, frequentemente enquadrando a figura imponente e ereta de Orlok. A enorme cena interna em que os anciões se reúnem para debater sobre a praga foi inspirada em uma pintura vista por Grau em Lübeck.

Entretanto, algumas das inspirações foram muito mais pessoais e vieram diretamente de seus estudos sobre o ocultismo. Se observar com atenção a parede atrás do professor, enquanto ele dá sua aula "paracelsiana" sobre predadores em plantas e micro-organismos, você perceberá uma imagem arcana. Ela foi tirada por Grau de *Arithmetica*, um tratado da matemática pouco conhecido escrito por Athanasius Kircher, o polímata jesuíta (e não como afirma erroneamente a legenda em inglês de um documentário sobre Murnau: "A matemática do Credo Atanasiano".)

Retrato de Paracelso feito por Grau

Uma das contribuições mais misteriosas de Grau para a filmagem foi a preparação do documento jurídico que o Conde Orlok examina com grande interesse. Uma análise detalhada da cena revela que o documento está repleto de autênticos símbolos e emblemas da tradição hermética ocidental, incluindo amostras do "enoquiano", a linguagem angélica supostamente revelada ao dr. John Dee e seu associado Edward Kelly.[35] Outros ocultistas contestaram essa interpretação e identificaram os símbolos de diferentes maneiras. Alguns parecem ter vindo da OTO; outros, das publicações sobre magia de Tränker; alguns do rosacrucismo (em específico, do oitavo grau dos dez existentes no sistema da loja Rosacruz); e mais outros dos métodos de criptografia usados por senhores feudais eslovenos.

Em uma abordagem menos mística, Grau e Murnau recorreram à história da arte alemã. *Nosferatu* é ambientado no que é conhecido como o período Biedermeier, e eles se inspiraram em algumas obras específicas. A cena na qual Ellen está sentada em uma poltrona, bordando um lema em uma almofada, é inspirada em "O Leitor Elegante" ("The Elegant Reader") de Georg Friedrich Kersting. Murnau escalou a atriz Ruth Landshoff, pois ela lhe recordava muito de um retrato de Wilhelm von Kaulbach. Eles também se voltaram para as pinturas de Moritz von Schwind e, de novo, para os trabalhos de Hugo Steiner-Prag, o ilustrador do livro *Der Golem* (*O Golem*).

Há poucos registros sobre os acontecimentos durante essas semanas no estúdio Jofa, porém, o artigo de Robert Herlth (baseado em uma entrevista com Lotte Eisner) recorda o método de trabalho de Murnau em um filme dirigido por ele apenas dois anos mais tarde, *As Finanças do Grão-Duque* (*Die Finanzen des Grossherzogs*, 1923).

> Quando entrei no estúdio, fiquei bastante surpreso com o silencio que reinava no local. Na época do cinema mudo, era comum construir cenários enquanto as filmagens ocorriam e costumava haver uma multidão de pessoas falando em alto e bom som, muitas que estavam ali pela curiosidade e não tinham nenhuma relação com a filmagem em si. Mas ali não havia ninguém presente além do operador de câmera e um dos atores, Alfred Abel, e, em pé no escuro e fora do caminho, um cavalheiro alto e esguio em seu jaleco branco de trabalho, dando orientações em uma voz baixa. Este era Murnau.[36]

O relato de Herlth enfatiza três aspectos da conduta de Murnau — concentração, serenidade e cortesia — e como sua atitude criava um ambiente de ânimo e de positividade:

> A atmosfera, de fato, sempre foi animada e alegre, como se ele e seus colegas fossem crianças brincando juntas. [...]
>
> Embora não fosse um técnico, Murnau, um "Rafael sem mãos", sabia quando determinado efeito era viável. E tudo que acontecia no *set* era resultado direto de sua insistência, pois ele nos motivava como se fôssemos capazes de executar a tarefa. Acredito que sua

> calma imperturbável no estúdio não se devia apenas a um senso de disciplina, mas também à sua paixão por "encenar", algo essencial e necessário para qualquer tipo de atividade artística.[37]

Ele resumiu Murnau com estas palavras:

> Jamais conheci alguém que amasse tanto esse estranho negócio de produzir filmes como Murnau, embora ele levasse o próprio trabalho muito a sério. [...]
>
> Para ele, o trabalho em si era um tipo de êxtase: o diretor ficava fascinado e absorto pelo processo, deixando-se levar, como um cientista conduzindo um experimento em um laboratório, ou um cirurgião durante uma operação complicada.[38]

O toque final para o filme foi a criação uma trilha sonora incidental para essa "Sinfonia do Horror". Foi Spies quem apresentou Murnau ao compositor Hans Erdmann. (Um de seus familiares disse que, quando jovem, Murnau "havia estudado música e teria gostado de ter sido como Mahler".) Erdmann foi contratado como o compositor do filme, e *Nosferatu* foi um dos primeiros filmes mudos com trilha orquestral especialmente encomendada.[39]

Enquanto isso, Grau conduziu sua própria orquestração, encabeçando uma campanha publicitária intensa, escrevendo artigos, divulgando seus desenhos de produção e criando pôsteres. Um deles, um belo exemplo de teaser, continha apenas a palavra NOSFERATU, com dois grandes pontos de interrogação de cada lado— o ponto em cada um deles sendo o logotipo yin-yang da Prana-Film. Grau proclamavam repetidas vezes que havia feito "o primeiro filme ocultista autêntico". E, de fato, provavelmente era verdade.

CAPÍTULO 3

NOSFERATU: ATOS I E II

Les films de Murnau, c'est toujours le passage de la ville à la campagne, du jour à la nuit. [Os filmes de Murnau sempre abordam a passagem da cidade para o campo, do dia para a noite.]

Alexandre (interpretado por Jean-Pierre Léaud),
A Mãe e a Puta (*La Maman et la Putain*),
Jean Eustache, 1973

Lotte Eisner foi a primeira crítica a observar que os filmes de Murnau apresentam os mesmos tipos de virtuosismos visuais, independentemente do operador de câmera com o qual trabalhasse.[40] Por exemplo, Charles Rosher, o operador de câmera de *Aurora* (*Sunrise*, 1927), comentou que Murnau estava sempre atento às imagens que ele e sua equipe poderiam se deparar por puro e feliz acaso — como o brilho do sol na água. "Ele tinha um olhar aguçado para todo tipo de luz e movimento".[41] Murnau deixou poucas anotações escritas a respeito de sua prática estética, mas uma delas vale a pena destacar: ele advertia aspirantes a diretores contra as tentações do "ângulo de câmera interessante":

> [...] quando você assiste o filme como um todo, com todos esses supostos ângulos de câmera interessantes, percebe que eles atrapalham a ação: eles reduzem, em vez de intensificar, o interesse dramático da história, pois são meramente "interessantes", sem agregar valor dramático.[42]

Tomadas individuais devem servir ao drama como um todo e não atrair atenção para si mesmas. Essa orientação é fundamental para compreender a abordagem de Murnau em *Nosferatu*; é também uma espécie de crítica aos livros de referência que constantemente classificam o filme como "expressionista" — leia-se "expressionista", neste contexto, como um estilo que se apoia fortemente nesses tais ângulos "interessantes". *Existem* algumas sequências obviamente expressionistas no filme, as mais notáveis incluindo Knock, e algumas, como as cenas no navio da morte, exibindo ângulos surpreendentes. Contudo, a maioria dessas imagens apavorantes são alcançadas com o uso de locações reais, não criadas em estúdio. Como Eisner declara: "Nunca mais, depois disso, o Expressionismo foi alcançado de forma tão perfeita, e sua estilização foi obtida sem qualquer auxílio de artifícios".[43]

No entanto, a maior parte de Nosferatu foi filmada em um estilo muito mais clássico e, como observado acima, as influências visuais predominantes não são de filmes expressionistas, mas de pinturas românticas. O que Eisner e seus seguidores mais admiravam em Murnau era seu talento para retratar o mundo natural, como Caspar David Friedrich fazia, enquanto expressão de estados psíquicos.

A força de *Nosferatu* tem, sem dúvida, diversas origens: o mistério sombrio do mito do vampiro em geral e a versão imaginada por Bram Stoker em particular; o roteiro eficiente e sugestivo de Galeen; a imaginação pictórica de Grau e seu comprometimento de longa data com o ocultismo (*Nosferatu*, como disse Ebert, é um filme que acredita na existência de vampiros); a explosão de talento no início do cinema da República de Weimar; e assim por diante. Os próximos dois capítulos se concentrarão principalmente em observar como Murnau moldou os materiais que recebeu de Galeen e Grau e os transportou para a tela grande, e no paradoxo familiar de que este filme de horror e morte é também persistentemente belo. Em outras palavras, eles abordarão em parte o que Nezval chamou de a "poesia" de *Nosferatu*.[44]

ATO I

Uma das características mais impressionantes do romance de Stoker é sua composição única criada por uma série de documentos: entradas em diários, cartas, artigos de jornais, transcrições de gravações sonoras e assim por diante. A abordagem de Murnau é menos meticulosa — os dias dos filmes *found footage*, tais como *A Bruxa de Blair* (*The Blair Witch Project*, 1999), estariam décadas no futuro, — mas ele consegue incorporar uma bela quantidade de material escrito em seu drama.

Nosferatu inicia com uma página em uma antiga fonte tipográfica alemã (escrita à mão por Grau), anunciando uma praga que afligiu Bremen em 1838. Grau produziu cerca de oitenta letreiros para o filme, alguns apenas para convencionais trechos de diálogo e descrições, mas muitos deles eram verdadeiras obras de arte e atmosféricos por si só. Considerando a aspiração de Murnau de produzir filmes ricos em suas narrativas com o mínimo possível de letreiros — nesse sentido, *A Última Gargalhada* (*The Last Laugh*, 1924) foi sua obra-prima — podemos supor que, nesse caso, a visão de Grau prevaleceu. A textura de *Nosferatu* é, às vezes, predominantemente textual.

O texto principal é apresentado como uma reportagem em primeira pessoa, empregando os pronomes "eu" e "mim" com bastante frequência. Mas quem seria esse "eu", o narrador invisível do filme? Depende da cópia que você assistir. Na versão original de Murnau, o narrador não identificado "assina" o próprio nome com a enigmática figura de três cruzes. Nas edições francesas, um letreiro revela que estamos lendo excertos "Do diário de Johann Cavallius [em algumas versões, "Carvallius"], Ilustre Historiador de sua Cidade Natal, Bremen". Isso é pura ficção.

Ellen com o primeiro predador do filme

Documentos, tanto manuscritos quanto impressos, também desempenham um papel importante na ação como objetos de apoio carregados de significado: a escritura e a carta ocultista enviada de Knock para Orlok; o livro antigo sobre folclore vampírico; as cartas de Hutter enviadas para Ellen; os documentos da imigração examinados no cais; o diário do capitão amaldiçoado; a página do jornal anunciando a praga, roubada por Knock do bolso de seu captor; a proclamação lida pelo tamborileiro...

A primeira cena cinematográfica propriamente dita é a tomada inicial da torre da igreja de Santa Maria em Wismar: ela serve tanto ao propósito prático de exibir onde a história se desenrolará, como também sugere um modo de vida pacato que será ameaçado em breve. Há relativamente poucas tomadas aéreas no filme, como o espetáculo vertiginoso da queda do castelo de Orlok e alguns vislumbres de um andar superior

Ellen e Hutter, o casal inocente

na rua, conduzindo até a casa de Hutter. Essa é também a primeira das diversas referências à história da arte feitas por Murnau. Como Angela Dalle Vacche afirmou, o enquadramento foi baseado em uma pintura de Ernst Ludwig Kirchner: "A Torre Vermelha em Halle" (1915).[45]

Dentre outras influências e fontes pictóricas, destacam-se as obras de Caspar David Friedrich, permeando tanto o clima geral quanto alusões específicas, incluindo também as pinturas de Carl Spitzweg (1808–1885), Alfred Kubin (possivelmente), Moritz von Schwind, George Friedrich Kersting, Wilhelm von Kaulbach e Arnold Böcklin — "A Ilha dos Mortos". Dalle Vacche também aponta "Lição de Anatomia" de Rembrandt como fonte de inspiração para a cena em que os médicos examinam o cadáver do capitão do navio — nisso, ela está provavelmente correta —, De Chirico para algumas das paisagens urbanas (Murnau pode tê-lo conhecido por seu amigo pintor Franz Marc) e Emil Nolde para outras cenas.

O filme corta para uma cena idílica da vida de recém-casados. Ellen, a bela esposa de cabelos cacheados do herói, está diante de uma janela aberta, aproveitando os raios solares e brincando com seu gato. (O primeiro de cerca de quinze animais que aparecerão no filme; ver abaixo.) Em seguida, vemos Hutter se arrumando em frente a um espelho. Murnau foi preciso quanto ao seu vestuário: **Hutter — babado branco no pescoço e colete azul**. O diretor sabia exatamente como as cores se converteriam em tons de cinza na imagem projetada. (Em seu filme paródia, *A Dança dos Vampiros*, Roman Polanski interpreta um jovem desajeitado cujas roupas e aparência são muito parecidas com as de Hutter nessa cena.)

Quase de imediato surge o primeiro presságio da mortalidade. Hutter vai ao jardim colher flores. Ele retorna escondendo um ramalhete nas costas, envolve Ellen em seus braços, a beija e lhe entrega o buquê. Essa sequência era muito mais longa no roteiro de Galeen, incluindo um longo trecho meio cômico sobre a vergonha de Ellen por ser uma dona de casa ruim, e Hutter a repreendendo silenciosamente por não ter preparado o café da manhã. A cena perdida também indica, pelo modo como Hutter mostra sua carteira vazia e ambos suspirando profundamente, com Ellen recorrendo a descascar algumas batatas — "o último refúgio da pobre dona de casa" —, que eles enfrentavam sérias dificuldades financeiras. Essa cena teria esclarecido os motivos pelos quais Hutter estava tão disposto a empreender sua missão na Transilvânia.

Em vez de achar o gesto romântico, Ellen fica consternada: ***"Por que você as matou — essas belas flores"***. A aflição dela soa como uma nota melancólica e antecipa as angústias mais profundas que ela sentirá quando forem os humanos, não as flores, a serem ceifados. Contudo, ela o perdoa, e eles se abraçam. Muitos espectadores percebem que, a despeito dos gestos convencionais de afeto entre o jovem casal, há uma atmosfera assexuada nesses abraços. A insinuação ambígua, mais adiante no filme, de que Ellen ainda é virgem reforça a sensação de que a intimidade erótica não faz parte do casamento. É tentador sugerir que o Conde Orlok pode ser visto como uma manifestação da sexualidade reprimida de Hutter (não há como contestar a intenção de que os dois personagens fossem reconhecidos, ainda que de um modo subliminar, como *doppelgangers*[46]). Poucos críticos resistiram a essa tentação.

Hutter deixa sua casa para trabalhar e encontra um amigo, o professor Bulwer, um intelectual "paracelsiano" que serve como contraparte do professor Van Helsing em *Drácula*. Ao contrário de Van Helsing, que é o principal oponente de Drácula, Bulwer é um personagem deveras passivo, memorável apenas pela aula sobre predação universal ministrada por ele mais adiante. Bulwer cumprimenta o espalhafatoso rapaz com um pouco de sabedoria, que é também um presságio levemente desajeitado: "Não tão rápido, meu jovem amigo! Ninguém vence o próprio destino na corrida!".

Como Thomas Elsaesser apontou,[47] essa observação não apenas aproxima *Nosferatu* do seu romance de origem, *Drácula*, mas também de uma narrativa folclórica que se tornou célebre pelo conto "Encontro em Samarra", de W. Somerset Maugham, sobre um comerciante de Bagdá que, ao meio-dia, descobre que está prestes a se encontrar com a Morte. Ele foge para Samarra na tentativa de escapar de seu destino, apenas para descobrir que a Morte estava lhe esperando lá para um encontro noturno. A Transilvânia será a Samarra de Hutter.

Na sequência, vemos uma das poucas cenas do filme que merece por completo o termo "expressionista". Hutter é um subordinado mal remunerado de Knock, um agente imobiliário. Interpretado por Alexander Granach, Knock é um velho grotesco, careca, com dentes estragados, sobrancelhas ridiculamente espessas e uma gargalhada constante, além de ser apresentado em uma cadeira alta demais para ser confortável. (O roteiro declara que "ao redor de sua boca pulsa o feio tique dos epiléticos. Em seus olhos arde um fogo sombrio".)

Mais adiante no filme, Knock — inspirado no personagem Renfield de *Drácula* — será trancafiado no asilo local como um maníaco perigoso. O público moderno tende a se questionar por que ele ainda não havia sido detido, já que a performance de Granach, provavelmente a mais exagerada e grosseira em um filme repleto de atuação espalhafatosas, o

PICTURE

retrata não apenas como alguém potencialmente instável para se submeter ao feitiço mental de Orlok, mas como um homem que há muito tempo fora consumido pela insanidade.

Knock está examinando um documento que, podemos ver com clareza, está repleto de símbolos arcanos — os símbolos e letras ocultistas aos quais Grau dedicou tanto cuidado. Espectadores de olhar afiado compreenderão de imediato o que mais tarde se torna inevitável: Knock é um emissário de Orlok e tem plena consciência da malignidade que está ajudando a desencadear. No romance, os empregadores de Harker são completamente inocentes de qualquer coisa mais sinistra do que o desejo de honorários decentes. Orlok descreve a tarefa proposta a Hutter, dizendo ao desafortunado funcionário que ele ganhará uma boa quantidade de dinheiro, em troca de "algumas gotas de suor" e — um adendo do próprio Murnau ao roteiro — **"apenas um pouco de sangue"**.

O velho grotesco conduz Hutter até a janela do escritório e aponta para um conjunto de casas abandonadas do outro lado da rua, em frente à casa que ele compartilha com Ellen. É a tomada dos armazéns de sal abandonados, que Wagner filmou por meio de uma grade colocada em frente à lente da câmera, simulando vidraças. Ele sugere que Hutter deveria convencer Orlok a comprar essa propriedade. Embora não seja totalmente explicitado na narrativa, é perceptível para o espectador que Orlok descobriu, por meios sobrenaturais, sobre Hutter e Ellen, e tem intenções malignas para com eles. (Esse tema, outra vez, é uma grande mudança em relação à obra de Stoker.) Logo, o drama revelará que Orlok não apenas consegue observar as ações de Ellen, mas também que ela desenvolve algum tipo de conexão com o vampiro.

Alguns críticos[48] observaram que diversos filmes posteriores de Murnau revisitam a temática que aparece pela primeira vez em *Nosferatu*: um jovem casal heterossexual e inocente é ameaçado de alguma forma por uma presença sinistra, seja ela masculina, feminina, viva ou morta. Esse enredo ocorre em filmes como *Tartufo*, *Fausto*, *Aurora* e, mais notavelmente, o último filme de Murnau, *Tabu*.

Murnau como um artista de paisagem

Hutter deixa sua casa com Ellen implorando para que mude de ideia. Contudo, jovial como de costume, ele descarta o temor da esposa com uma risada. Monta em seu cavalo (presume-se que para se dirigir até uma estação, já que o resto da jornada será realizado em uma carruagem) e parte em direção ao seu destino.

A tomada subsequente é uma das mais magníficas do filme: uma lenta cena panorâmica da direita para a esquerda sobre uma paisagem montanhosa. A partir desse ponto, torna-se evidente a afinidade de Murnau com a tradição da paisagem romântica alemã em geral, e com as pinturas de Friedrich em particular.

A próxima sequência de Murnau pode provocar risadas nos espectadores modernos, pois encena o clássico episódio no qual camponeses apavorados e anciões fervorosos alertam o ingênuo forasteiro a não se aventurar em direção ao Covil da Besta. Hutter, após pedir por uma refeição em uma estalagem, está de bom humor, até mencionar que está prestes a se encontrar com Orlok; nesse momento, um silêncio toma

Os supersticiosos habitantes locais

conta do lugar, as mulheres fazem o sinal da cruz, e um cavalheiro robusto e bigodudo, vestido de forma tradicional, o aconselha a não prosseguir. Boatos sobre um tal "lobisomem" pairam no ar.

Murnau enriquece a estadia de Hutter na estalagem com algumas tomadas externas extraordinárias e, surpreendentemente elegantes, do mundo noturno dos animais. Ele nos mostra cavalos correndo e a visão inesperada de uma hiena (seria ela um Orlok metamorfoseado?), que aparece para persegui-los. Murnau teve enorme trabalho para filmar a hiena, localizada por ele em um zoológico;[49] podemos concluir que essa cena tinha grande significado para ele. Em um nível mais superficial, essas tomadas fazem parte do tema da predação que permeia todo o filme. Recordem que Grau mencionou que sua primeira inspiração para fazer

Hiena ou vampiro?

Nosferatu surgiu quando ele viu uma aranha devorando sua presa. De forma sutil, essas tomadas — como aquelas do pequeno "pólipo" e sua presa, tiradas de um documentário científico — apontam para uma das propriedades extranarrativas que conferem ao filme sua riqueza. *Nosferatu* é, entre outras coisas, um bestiário cinematográfico.

NOSFERATU COMO UM BESTIÁRIO

Nosferatu, c'est le rhythme animal changé en rhythme démoniaque.
[*Nosferatu* é o ritmo animal transformado em ritmo demoníaco.]

Roger Blin[50]

Murnau é justamente elogiado por ser um mestre das paisagens. Ao assistir *Nosferatu* repetidas vezes, fica evidente que sua imaginação visual foi aguçada não apenas pela beleza dos animais, mas também por seus mistérios e a ameaça que representam.

- O gato de Ellen;
- Cavalos;
- [No roteiro: galinhas e outras aves. Assim dizia o roteiro: "A velha serva, mãe de todos os animais, atira milho para as galinhas. Há pardais também". Murnau omitiu essa cena de *Nosferatu*, mas a refez em *Aurora*];
- [No roteiro: um corvo do tamanho de um homem; ver abaixo];
- O "lobisomem" referido pelo taberneiro; na verdade, uma hiena;
- Mosquitos;
- Cena 50: uma matilha de lobos uivando;
- Moscas, consumidas com avidez por Knock;
- O predador microscópico — o roteiro chama-o de "pólipo" — da aula paracelsiana do professor Bulwer;
- O peixinho predador na mesma cena;
- A aranha se alimentando de um inseto capturado em sua teia;
- Os ratos da praga;
- Cena 89: cães selvagens em Constantinopla;
- Cena 136: um morcego gigante; omitido;
- Um galo cantando;
- O peixe e outros animais — "todos os tipos de animais" — no misto de laboratório com sala de estar de Bulwer.

Além disso, outros dois seres ocupam um espaço curioso na fronteira entre vegetal e animal: a planta carnívora e — em outra cena deletada — a árvore animada de contos de fadas, que encara a passagem em alta velocidade da diligência (ver abaixo). A maioria desses animais possui uma aura sinistra; Orlok, embora seja uma entidade sobrenatural, ou talvez antinatural, é ao mesmo tempo um animal selvagem e um elemento de um pesadelo universal de caçadores e presas.

Hutter, no conforto de seu quarto, observa essas cenas noturnas pela janela aberta. A partir desse ponto, muitas das cenas mais dramáticas do filme, incluindo o final, ocorrem em dormitórios. Ele parece sentir um calafrio — seria algo além do ar gelado da noite? — e se afasta da janela. Sua atenção é capturada pelo livreto entregue à força pela taberneira, e vemos a antiquada fonte tipográfica gótica alemã *Fraktur* narrando a lenda do vampiro. No entanto, Hutter está cansado demais para prestar muita atenção; ele boceja, retira as botas e sobe na cama. Quem assistiu ao filme mais de uma vez pode notar um detalhe arquitetônico interessante: atrás de sua cama, há o formato de um arco alto, modelado no mesmo design que Grau descobriu em filmagens externas e incorporou aos cenários.

Enquanto Hutter adormece, Murnau nos apresenta uma grandiosa cena panorâmica da esquerda para a direita, atravessando a paisagem noturna: outra homenagem a Caspar David Friedrich. Após o amanhecer, Hutter acorda, sai da cama e abre a persiana. A luz do dia adentra o recinto, e ele olha satisfeito para a terra lá fora, agora ávido e repleto de vivacidade. Ele se alonga, sorri e, mais uma vez, pega o livro sobre vampiros. O conteúdo lhe parece ridículo; ele explode em risadas e atira o livro no chão. Então ele desenrola a camisa e se lava com água revigorante.

Estamos nos aproximando do território dos mortos-vivos. Fora da estalagem, uma diligência está a postos. Hutter embarca e eles partem por estradas montanhosas, em certo ponto cruzando uma ponte que estremece sob o peso do veículo. Por fim — em uma cena que nas décadas futuras se tornaria um clichê — o cocheiro se recusa a seguir viagem.

Hutter e o livro sobre vampiros

Hutter ri de sua superstição, coloca a bolsa no ombro e prossegue a pé. Logo, ele cruza uma ponte; e é nesse momento, conforme o letreiro nos informa, que ele encontra fantasmas. Em sua livre tradução francesa, esse foi o letreiro que tanto afetou André Breton quando viu o filme pela primeira vez. (Ver Capítulo 5.)

Uma breve cena revela o castelo no topo de uma alta montanha, à beira de um precipício vertiginoso. A aparição do sobrenatural é marcada por uma jogada técnica astuta: à distância, encontra-se uma segunda diligência, puxada por cavalos encapuzados, aproximando-se em um ritmo impossivelmente rápido; um efeito obtido com simplicidade ao manusear a manivela da câmera lentamente. Christopher Frayling destacou[51] que a abordagem estética de Murnau nessa cena é exatamente oposta à do cinema das últimas décadas, que, falando em termos gerais, utiliza movimentos rápidos para efeitos cômicos e câmera lenta para intensificar o impacto dramático. Por sua vez, Murnau emprega o movimento rápido para instigar tensão, recorrendo a ele em diversos momentos do filme.

Orlok vestido como cocheiro; "O cocheiro dirige em alta velocidade por uma floresta branca!"

O cocheiro da diligência, um sujeito de aparência esquisita, usando um chapéu com uma pena gigante e um manto que esconde a maior parte de seu rosto, oferece carona a Hutter. O homem não sabe disso, e nem os espectadores desavisados, mas o cocheiro é o próprio conde Orlok. Hutter entra, e o veículo sai de novo em velocidade similarmente impossível. Tomadas fechadas de Hutter inclinado para fora da janela mostram seu espanto. No mais corajoso efeito especial do filme, a imagem se torna um negativo. (Murnau teve como inspiração o diretor Mauritz Stiller.) Segundo anotações de Murnau: "**O cocheiro dirige em alta velocidade por uma *floresta branca!***". É plausível pensar que Cocteau estivesse com o filme de Murnau em mente quando usou negativos para a expedição de automóveis ao Inferno no começo de *Orfeu* (*Orphée*, 1950); Jean-Luc Godard certamente se inspirou nesse conceito quando introduziu o mesmo efeito em *Alphaville* (1965).

Neste ponto, Murnau cortou dois elementos excêntricos e misteriosos do roteiro de Galeen. O primeiro era a aparição de um corvo gigante.

> **5 metros. Na Passagem de Vrátna, atrás de Tyer Hora**
> Cenário vazio. À beira da estrada, um imponente corvo do tamanho de um homem. Seus ombros encurvados. Ele vira a cabeça, como se escutasse algo. Então dá dois pulinhos para a frente e olha a estrada abaixo com atenção. Quem se aproxima? O veículo familiar passa veloz. Um jovem, segurando-se de forma desesperada, está sentado dentro, com uma expressão de pavor. [Ele] **O corvo** o segue com olhar de escárnio por trás dos óculos.

Essa cena parece um detalhe de contos de fada, e as próximas cenas mergulhavam ainda mais em mistério folclórico:

> **5 metros**
> [Vale.] Estrada deserta. Apenas um salgueiro retorcido e solitário com uma copa irregular está à vista. Outra vez, a carruagem surge veloz. Como um ancião perturbado em seu descanso, a árvore olha em direção ao veículo, com olhos vazios. Haveria ali um sorriso em sua boca.

Hutter se aproxima do castelo; o primeiro encontro

Não há anotações de Murnau explicando o porquê de ter cortado essas imagens encantadoras. Talvez fossem difíceis demais de serem obtidas de maneira que as tornasse mais assustadoras do que ridículas; ou talvez ele simplesmente tenha preferido manter o ritmo acelerado da corrida, sem nenhum corte para outras cenas ou detalhes.

Hutter desce da carruagem; o cocheiro, segurando o chicote, aponta na direção do castelo e retorna estrada abaixo em velocidade mágica. Hutter avança em direção ao castelo, cujo portão arqueado faz o personagem parecer pequeno diante da imponente arquitetura. A porta se abre, movida por forças invisíveis, e ele entra no recinto. Uma tomada reversa revela o interior do arco de entrada, de onde a figura de Nosferatu emerge, caminhando com rigidez sobrenatural. Há uma feitiçaria sombria operando; é impossível que a criatura chegasse ao castelo em apenas alguns segundos.

Outra tomada reversa: Nosferatu muito próximo à câmera, enquanto Hutter parece ainda menor à medida que se aproxima. Eles se encontram; uma tomada média exibe a face de Orlok com clareza pela primeira vez, enfatizando seu nariz exageradamente grande. Ele usa um chapéu: o choque do vislumbre de sua careca nua virá mais tarde. Lado a lado, o vampiro à esquerda da tela e o humano à direita, eles caminham em direção ao interior sombrio do castelo.

Orlok e o documento ocultista

ATO II

O filme dá um salto de cerca de uma hora: Hutter e Orlok estão à mesa, Hutter está comendo enquanto Orlok confere os documentos que vimos antes nas mãos de Knock. No roteiro de Galeen está descrito:

> O verso da carta mostra uma emaranhado de números, além de letras legíveis e ilegíveis. O sagrado número sete se repete diversas vezes. Entre eles, há símbolos cabalísticos. Os dedos esticados que seguram a carta cobrem o restante do conteúdo como garras.

Orlok, ainda encarando Hutter, abaixa lentamente a carta, proporcionando nossa primeira visão clara de seu semblante horrendo de perto. A espessura de suas sobrancelhas pontiagudas traça um paralelo com

Memento mori

Hutter se corta

Orlok fica tentado

Hutter, a presa

as de Knock, o agente imobiliário. A cena corta para um antigo relógio, soando meia-noite; no roteiro original, é um relógio de pêndulo comum, mas na filmagem é um *memento mori* adornado com um esqueleto. No papel, a ideia poderia soar clichê demais, todavia, no filme, ela funciona perfeitamente, atuando no ritmo da edição, construindo tensão dramática e reforçando a atmosfera macabra do encontro.

Agora, testemunhamos um momento que irá se repetir em muitos filmes de vampiro: na tentativa de cortar uma fatia de pão com uma faca, Hutter acidentalmente faz um pequeno corte em seu dedão. A visão do sangue deixa Orlok eufórico, avançando em direção a seu convidado visivelmente alarmado. Hutter recua aterrorizado, até desabar sobre uma cadeira no cômodo. Alguns espectadores interpretam esse momento como um pânico homofóbico, e talvez não estejam errados: a partir das reflexões de Lotte Eisner, muitos críticos buscaram alusões, indícios e manifestações codificadas da sensibilidade homoafetiva de Murnau no filme. Embora alguns possam ser especulativos em excesso, a ideia de que Murnau poderia nutrir empatia com Orlok, visto como alguém à margem, parece bastante plausível.

Nosferatu se aproxima ainda mais, propondo a Hutter que se sentem juntos por um momento. Murnau encerra a cena e apenas retorna a ela na manhã seguinte, exibindo Hutter esparramado na mesma cadeira.

Ele se chacoalha para despertar e se alonga. Corta para um corredor, presumivelmente adjacente, com luz irradiando das janelas. Jack Kerouac escreveu sobre a cena:

> O castelo tem piso de azulejo: de algum modo, esse piso transmite mais malignidade do que o empoeirado castelo de Bela Lugosi [*sic*], onde mulheres com aranhas nos ombros arrastavam vestidos de musselina morta sobre as pedras. Esse é o piso de azulejo de um parasita bizantino alexandrino transilvano.[52]

Voltamos para Hutter, que examina sua garganta com um espelhinho de mão. Ele nota duas mordidas minúsculas, quase imperceptíveis. Se a descoberta o faz se sentir ameaçado, ele logo descarta o receio, confortado pela visão de uma mesa repleta de alimentos para o café da manhã.

Em seguida, vemos algumas tomadas externas do castelo. Apesar dos sustos da noite anterior, Hutter parece ter recuperado o ânimo e explora os limites do térreo do castelo: um balcão de pedra ornamentada com vista para uma paisagem florestal. Hutter alcança um pedaço de papel e começa a escrever uma carta tranquilizadora para Ellen, pausando apenas espantar os mosquitos que começam a incomodá-lo com o papel da carta (ele parece acreditar que foi um mosquito que o picou à noite; uma suposição razoável, embora equivocada). Um cavaleiro passa por ali e Hutter lhe entrega a carta.

Ao pôr do sol — outro quadro no estilo de Friedrich — o jovem retorna para a sala de jantar, onde Orlok está prestes a assinar alguns documentos com uma pena e tinta. Por descuido, Hutter deixa cair seu medalhão, no qual há um retrato de Ellen (aparenta ser uma fotografia, não um desenho, o que tornaria Hutter bastante atualizado com as novidades, pois as primeiras tecnologias fotográficas eram muito recentes para a época). Orlok observa o medalhão com olhos vidrados e murmura que a esposa de Hutter tem um belo pescoço.

De volta a seu quarto, Hutter sente crescer seu nervosismo. Ele consulta o livro sobre vampiros outra vez — mais letras na fonte *Fraktur* em cena. Outro corte rápido exibe o relógio esqueletal soando à meia-noite. Hutter luta contra a porta do quarto, empurrando-a até abrir, revelando a visão apavorante de Orlok, ereto e imóvel, a cabeça descoberta, com olhos ardentes bem abertos, desprovido de qualquer disfarce que esconda sua natureza de vampiro.

Hutter corre de volta para a janela, buscando uma possível rota de fuga, porém, vemos que a queda de seu aposento é vertiginosamente alta. A porta do quarto se abre bruscamente, e Orlok avança hesitante, até seu corpo ficar enquadrado pela silhueta arqueada da porta de entrada. Há algo obsceno em Orlok; ele de fato tem a aparência, como poucos vampiros conseguiram parecer no cinema, de um cadáver antigo que

Orlok se aproxima; Ellen sente o perigo

Orlok ataca; Orlok sente Ellen

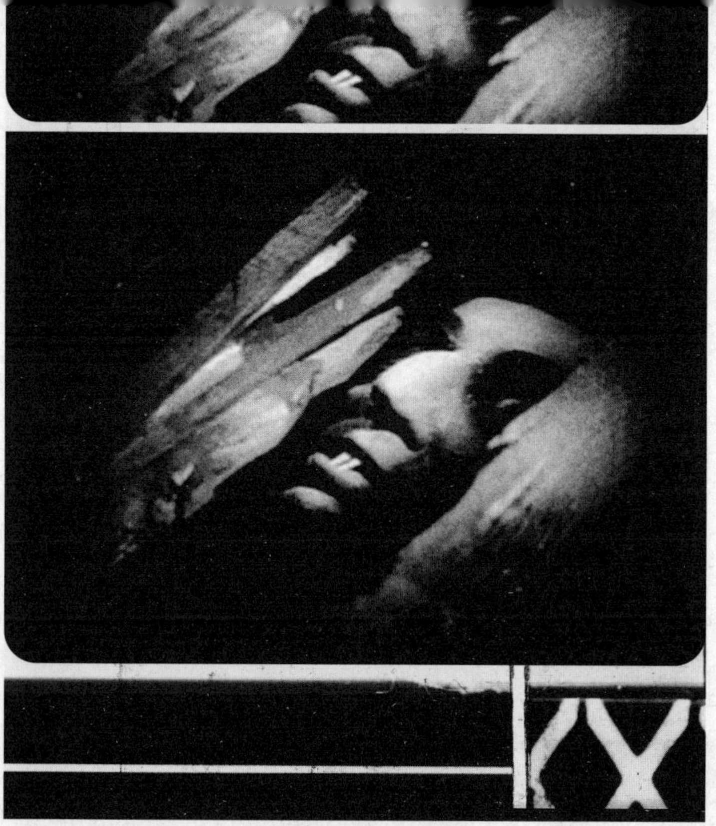

Orlok em sua cripta

fugiu de sua cama infestada de vermes. Dominado pelo medo, Hutter sobe na cama e — num toque de astúcia psicológica — puxa as cobertas para cobrir a cabeça igual a uma criança. A partir desse momento, a cena se torna uma exibição brilhante de cortes alternados entre o quarto de Hutter e, a centenas de quilômetros de distância, o quarto de Ellen.

Ellen acorda aterrorizada, intuindo que seu marido está em perigo mortal. (Cortes secundários revelam outras cenas na casa da mulher). Ela se levanta da cama e caminha sonâmbula por uma varanda de pedra — remetendo, de modo vago, à varanda ainda maior de Orlok — até desmaiar e ser amparada no exato momento da queda. O sonambulismo foi, como o público da época sabia, o tema do filme mais antigo do período Weimar, *O Gabinete do Dr. Caligari*.

De volta a Hutter, um efeito magistral surge em tela — que ainda mantém seu poder de assustar: a sombra satânica da cabeça, dos braços e das garras predatórias de Orlok, avançando de modo inexorável sobre o corpo trêmulo de Hutter. A cena alterna para Ellen; retornando outra vez para a imagem da sombra do conde. No entanto, Nosferatu hesita: Murnau o filma de perfil, enquanto ele vira a cabeça, lentamente, da esquerda para a direita da tela. O efeito é arrepiante; é como se, de súbito, ele percebesse que Ellen o está "observando". A cena corta de volta para Ellen, como se ela agora compartilhasse o mesmo espaço cinematográfico da criatura. Alternando entre Orlok e Ellen, a câmera a filma novamente na cama, cercada por familiares e um médico. Ela desmaia mais uma vez em seu travesseiro. De forma complacente, o médico declara que sua enfermidade é "inofensiva".

A narrativa retorna para o livro sobre vampiros de Hutter e, em seguida, para o céu noturno. A próxima cena abre com Hutter na manhã seguinte. Sua garganta sofreu um ataque mais severo, e ele a segura, tomado pela dor. Ele corre pelo castelo deserto até chegar ao porão, onde encontra um antigo sarcófago com uma tampa de madeira desgastada. Por entre os buracos na madeira, ele vislumbra parcialmente as feições obscurecidas de Orlok, repousando em seu sono vampírico diurno. Por impulso, o jovem arranca a tampa para revelar completamente a figura de Orlok. O terror é tão intenso que suas pernas quase falham, e ele precisa se escorar para subir as escadas de volta.

Uma tomada da paisagem é exibida outra vez; o sol está se pondo. De sua janela, Hutter vê Orlok carregando diversos caixões na carroceria de um veículo puxado por cavalos; novamente, Murnau emprega o movimento acelerado. "Ellen! Ellen!" grita Hutter, percebendo a intenção de Orlok. Ele rasga a roupa de cama, amarra os retalhos formando uma corda improvisada e desce pela parede do castelo. A corda não é comprida o bastante. Assim, ele é forçado a saltar na última parte, caindo no chão com tamanho baque que desmaia, revive por um momento e então entra em coma profundo.

O ato se encerra com algumas cenas sublimes de jangadeiros remando uma balsa carregada de caixões por um rio de correnteza forte. O contágio está prestes a se espalhar.

Carregando os caixões; caixões na balsa

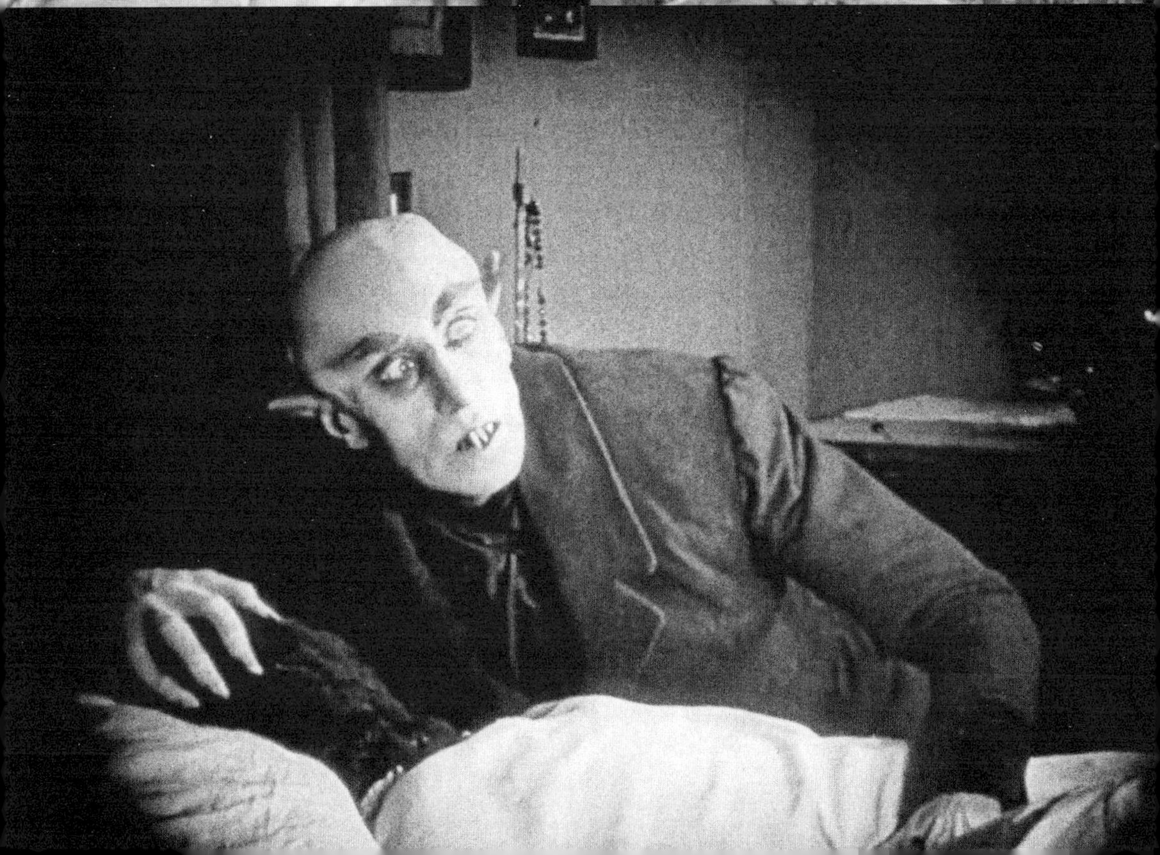

CAPÍTULO 4

NOSFERATU: ATOS III A V

ATO III

O terceiro ato se desenrola com agilidade, estando à altura (em fluidez e alternância dramática das cenas) de D. W. Griffith. Murnau é rotineiramente elogiado de forma acertada pela excelência das imagens obtidas por seus vários operadores de câmera, mas ele merece igual reconhecimento por seu domínio dos ritmos narrativos.[53] Em sua juventude, ele expressou o desejo de se tornar um compositor ao estilo de Mahler; embora nunca tenha alcançado esse objetivo de forma direta, há certa lógica ao considerar o fluxo de imagens em um filme como análogo ao fluxo das notas, versos e melodias em uma composição musical. Murnau foi um habilidoso compositor em celuloide. Daí, sem dúvida, o subtítulo: "Uma Sinfonia do Horror". Suas anotações no roteiro indicam que ele costumava saber de antemão, e com precisão, quantos metros de filme seriam necessários para cada cena. Assim, *Nosferatu* estava sendo "editado" por Murnau em sua mente muito antes de as filmagens chegarem à sala de edição.

O terceiro ato alterna entre cinco cenários principais de ação: a recuperação de Hutter após sua queda e sua árdua jornada de volta para casa por terra; o progresso do navio que transporta Orlok e seus caixões

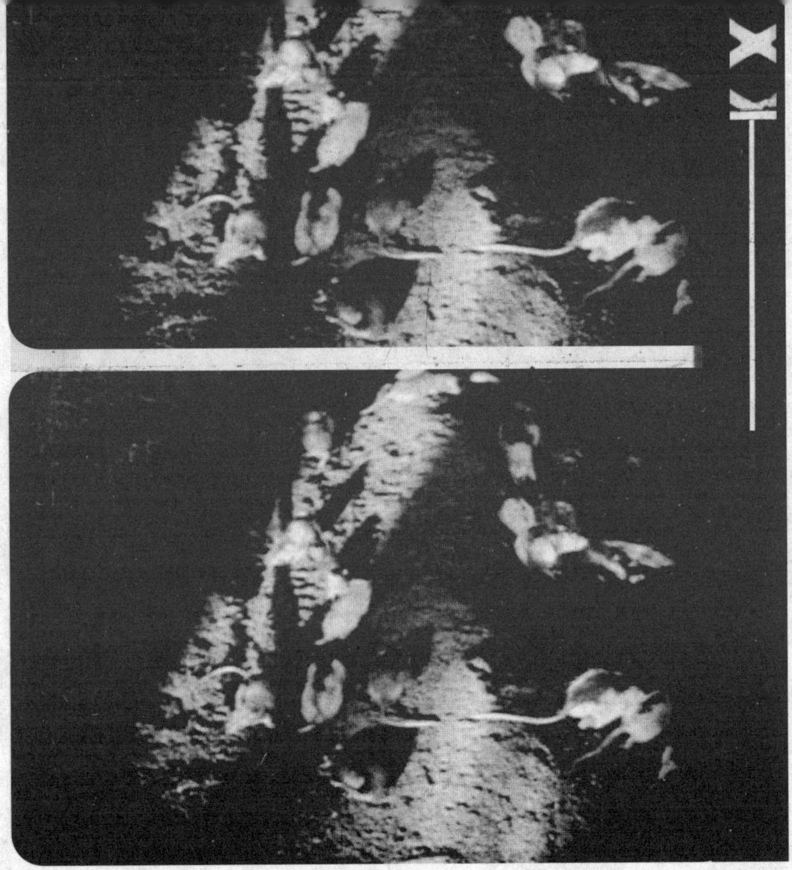

Os ratos da praga

(uma corrida simultânea por terra e por mar — uma ideia extraída dos capítulos finais de *Drácula*, porém, introduzida mais cedo na narrativa); a aula do professor Bulwer sobre modos primitivos de predação; Knock no asilo para lunáticos, onde ele próprio realiza um pouco de predação primitiva; e Ellen aguardando ansiosa na praia por alguma notícia do marido.

A cena se abre para mostrar Hutter em uma cama de hospital (supostamente em Budapeste; o roteiro solicitava "uma fileira de camas brancas", o que sem dúvida se revelou uma extravagância cara demais), onde é atendido por uma freira e um médico. Após alguns instantes, Hutter acorda de súbito e se agarra à freira, aterrorizado. O filme corta para um cais no porto de Varna. Estivadores carregam os caixões de Nosferatu em um navio. O contramestre, ao verificar os documentos de imigração, suspeita da declaração de conteúdo das caixas de madeira:

"Solo de jardim para propósitos experimentais". Ele ordena que um de seus homens abra uma das tampas. De fato, não há nada ali além de terra... e alguns ratos.

(Roteiro: "Todavia, na areia [Murnau corrige para **terra**]... algo se move com violência... alguma coisa está viva... e pula... animais horríveis... ratos!".) O contramestre instrui seus homens a prosseguir com o carregamento; enquanto isso, um deles é mordido no pé. No roteiro, o navio se chama *Deméter*, o mesmo nome do navio que transporta Drácula para a Inglaterra no livro de Stoker.[54] De fato, o roteiro faz menção especial para esse nome. "Tomada longa. A grande **polia manual** [guindaste a vapor] ergue uma das caixas e a deposita no porão do barco à vela ancorado no cais. Na popa do navio, é possível discernir um nome, sob a figura humana barroca: DEMÉTER."

No filme, o *Deméter*, nome de Stoker para o navio amaldiçoado, foi alterado para *Empusa* — a palavra grega para um tipo de mulher vampiro, uma deusa que se alimenta de sangue. Essa é uma alusão bastante escondida, levantando a hipótese de ter sido uma ideia de Grau. Há também uma referência mais explicitamente literária: como S. S. Prawer apontou,[55] alemães letrados do período associariam de imediato esses ratos navegadores a uma cena do *Fausto* de Goethe, na qual Mefistófeles é conhecido como "Herr der Ratten": o Senhor dos Ratos.

A filmagem exibe o professor Bulwer — o roteiro é preciso ao rotulá-lo como "um paracelsiano"[56] —, ministrando uma aula para um grupo de estudantes. Ele veste um roupão ornamentado, uma touca e óculos pesados. Primeiro, ele apresenta uma planta carnívora: um close revela suas "mandíbulas" se fechando em torno de uma mosca. (Roteiro: "Com força irresistível, a flor atraiu a mosca para o interior de seu cálice".) "Ela não se assemelha a um vampiro?", pergunta ele, com um sorriso.

A cena corta para o asilo local, onde um atendente relata ao psiquiatra-chefe, professor Sievers (no filme, o equivalente ao Dr. Seward de *Drácula*), o comportamento perturbador de um dos internos: Knock. Sievers deixa sua mesa e segue o homem até a cela do paciente. Assim como a planta na aula de Bulwer, Knock também se alimenta de moscas, que ele captura do ar com entusiasmo e mastiga com avidez. "Sangue é vida!", berra ele... antes de atacar o médico, agarrando-o pela garganta.

De volta à aula: Bulwer apresenta a seus estudantes uma espécie ainda mais elementar de predador: um "pólipo". Observado por meio de um microscópio, o pólipo captura e absorve sua presa: "E este aqui... um pólipo com tentáculos... transparente... quase incorpóreo... quase um fantasma".

Na cela de Knock, o paciente avista uma aranha e borbulha de deleite: "Aranhas! Aranhas!". Em sua intrincada teia, a aranha envolve sua vítima com fios recém-tecidos. Para os conhecedores, a cena recapitula o momento em que Grau, segundo o próprio afirmava, concebeu pela primeira vez a ideia para *Nosferatu*.

Em seguida, um interlúdio relativamente pacífico, embora melancólico ocorre. Ellen se senta em uma praia, contemplando o mar.[57] (O roteiro, mergulhando de volta ao mundo de Stoker, refere-se a esse local como o "cemitério em Whitby"!) Ela veste um pesado vestido preto, típico de uma viúva vitoriana e, por alguma razão, as dunas de areia ao seu redor estão repletas de crucifixos — seriam uma marcação dos túmulos do povo da cidade, ou uma homenagem aos perdidos no mar? Nenhuma cruz está de pé na vertical; o vento parece ter entortado todas.

A imagem corta para uma cena descontraída dos amigos de Ellen, Harding e Ruth, animados jogando *croquet*. (Esta cena esteve perdida por cerca de sete décadas, até a restauração de Kevin Brownlow. Galeen havia sugerido um jogo *badminton*; ***Croquet?*** foi ideia de Murnau). Voltamos para as imagens das ondas e o céu sobre o mar. Ellen aparece reflexiva outra vez. (A anotação de Murnau no roteiro muda "Whitby" para **Heligoland**.)

Uma carta chega; aquela escrita por Hutter para Ellen do castelo de Orlok. (A caligrafia dele é mostrada). Os amigos de Ellen, plenos de alegria, caminham em direção à praia para entregar a carta. Ellen lê o documento, mas parece mais alarmada do que tranquilizada. (Uma cena omitida, a n. 87, mostrava o "porto de Galaz à noite. *Deméter* está ancorado no cais. O porto está deserto. De repente, um leve movimento emerge do navio, descendo pela prancha de embarque até a costa... ratos... **Os caixões são carregados de novo.**") A cena abre com Hutter,

vestido com sobrecasaca e botas de montaria, prestes a deixar o hospital de Budapeste, embora seja evidente que ele ainda está fraco. Ele agradece a freira com um aceno cortês.

(Diversas cenas são omitidas aqui.)

> N. 89. "Constantinopla. Noite. Cães selvagens estão latindo dos escombros na rua para o céu distante, contorcendo-se na lama como cobras. Foco no porto: O *Deméter* está ancorado. O que está se esgueirando daquele lado?... Uma sombra se move do navio para a terra... ratos... um... quatro... dez... um fluxo interminável... eles trazem o terror consigo."
>
> N. 90. "**8 metros. Polnischer Kamm. Chuva torrencial. Entrada do Desfiladeiro Vrátna.**" Nesta cena, veríamos Hutter a bordo de um cabriolé dos correios, chegando a uma estação de carruagens "no Pussta". Os cavalos foram conduzidos com dureza e estão exauridos; Hutter, ansioso para manter a velocidade, berra com os homens para lhe trazerem cavalos descansados e auxilia-os a amarrar os arreios nos novos animais. A carruagem dispara em alta velocidade, com faíscas voando dos cascos dos cavalos.
>
> N. 91. "O porto de Constantinopla. Em uma brisa fresca, o *Deméter* emerge do emaranhado de mastros e se lança no alto-mar." O navio está em plena navegação. Ele aumenta de tamanho conforme desliza suavemente do lado direito para o esquerdo da tela; nenhum marinheiro está visível. O filme corta para Hutter, cavalgando seu cavalo através de uma densa vegetação rasteira na floresta. A lentidão e estranheza de sua viagem contrastam de modo impressionante com a fluidez suave da passagem do navio. Então retornamos à embarcação.

De volta a Knock que, a despeito de estar acorrentado, consegue furtar uma folha de um papel do bolso traseiro do carcereiro. E lemos mais um texto em fonte *Fraktur*: o relato a respeito da praga que se alastrou por diversos portos.

Na Transilvânia e nos portos do Mar Morto em Varna e Galaz, uma praga epidêmica teve início. O número de jovens mulheres vítimas da epidemia cresce de maneira alarmante. Todas apresentam peculiares marcas idênticas de ferida no pescoço, cuja origem permanece um enigma para os médicos.

Os Dardanelos foram fechados para todos os navios suspeitos de transportar a epidemia.

Knock solta uma gargalha de satisfação, ciente do que está por trás desses surtos.

Corta para o navio, destacando suas belas velas.

Hutter continua a cavalgar lentamente sobre pedras afiadas ao cruzar um rio raso.

Uma das raras dissoluções do filme nos leva a um tripulante a bordo do navio — na verdade, o imediato. Ele desce abaixo do deque para informar ao capitão que um dos outros membros da tripulação

A frenética jornada de Hutter de volta para casa

contraiu uma doença grave. O capitão, com uma farta nuvem de fumaça emanando de seu cachimbo, acompanha o marinheiro ao local onde o marujo está deitado em sua rede, perto dos caixões na área de carga. Uma mudança na tonalização indica a passagem das horas e o cair da noite. O marinheiro doente levanta a cabeça e se depara com uma visão apavorante: pairando sobre os caixões, surge a imagem translúcida de Nosferatu.

Hutter, por sua vez, prossegue a pé, conduzindo seu cavalo pela densa floresta.

Durante o dia, no convés do navio, o capitão e o único sobrevivente da tripulação, o imediato, improvisam um funeral simples para o falecido marinheiro, cujo corpo está envolto em um saco. O capitão faz o sinal da cruz e, em seguida, os dois atiram o saco ao mar. Armado de coragem e uma machadinha, o último tripulante informa: "Irei lá embaixo!!! Se eu não retornar em dez minutos...". E desce em direção à área de carga.

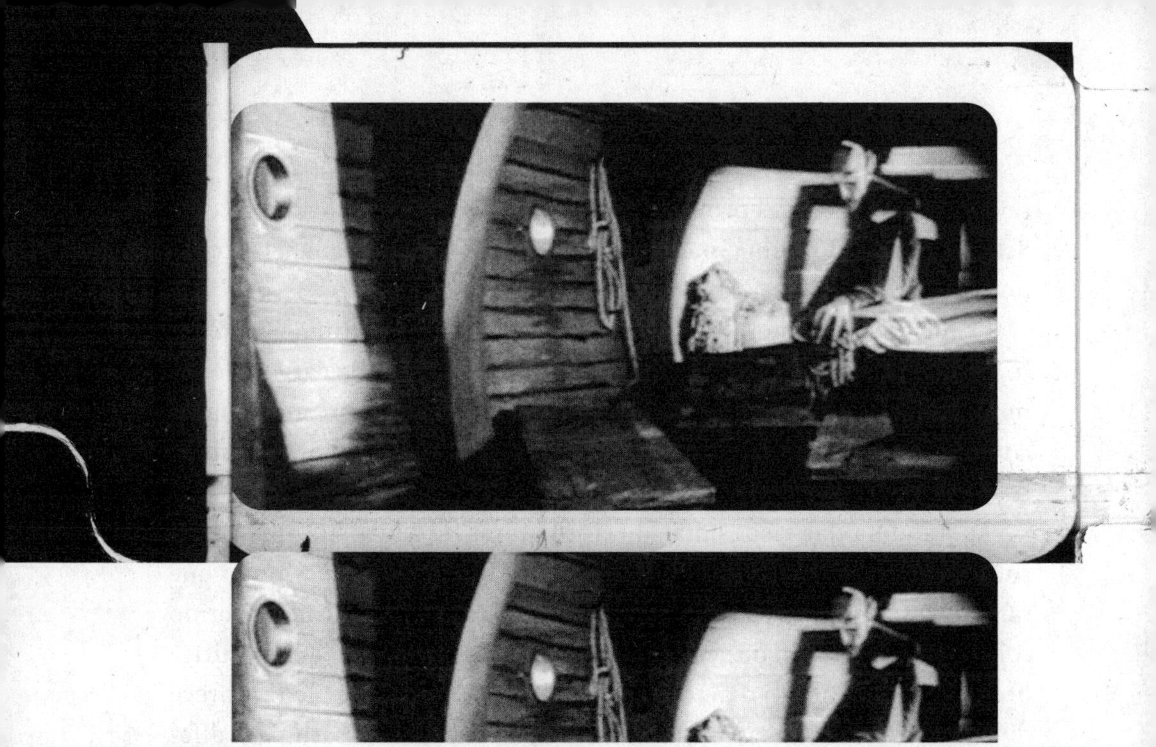

Orlok assombra o Empusa

Hutter cavalga com rapidez por uma planície. Esta cena, a n. 96, é mais curta do que o previsto no roteiro. "**10 metros Charneca Hornunger. Lüneberger Heide.**" Então: "Hutter, em pé próximo a seu cavalo, examina a pata machucada do animal. Em um gesto desesperado, ele a solta. Todavia, ele tomou sua decisão: deve seguir em frente. Toma o cavalo pelas rédeas e prossegue caminhando, arrastando o animal manco atrás de si". Embora a experiência de ver esse acidente *após* a cena em que Hutter conduzia o cavalo ao seu lado não incomode o espectador,[58] faria maior sentido se as duas cenas fossem invertidas.

Deque abaixo, o marinheiro quebra a tampa de um dos caixões com um machado. Uma ninhada de ratos se revela. Então — numa das mais celebradas imagens do filme — Nosferatu, seu corpo rígido como se estivesse com *rigor mortis*, ergue-se de um modo que desafia a física, até ficar totalmente de pé. ("Rápido como um raio, NOSFERATU brota da caixa.") Alguns críticos presumiram que a cena fora feita com movimento reverso, porém, é mais provável que o efeito tenha sido alcançado com Schreck amarrado a uma prancha e erguendo-a sobre um pivô, tal como no filme de Merhige, *A Sombra do Vampiro*.

O imediato foge aterrorizado. O capitão se amarra ao timão, enquanto Nosferatu lentamente emerge da escuridão da área de carga. Ele caminha de forma rígida e lenta, atravessando o deque com sua silhueta contornada pelas linhas afiadas das cordas e do mastro. A cena final mostra o capitão ao timão, e a imagem esmaece até escurecer por completo.

Agora, uma das visões mais perturbadoras de Murnau: uma bela e soturna tomada do navio, iluminação focada atrás dele, de modo que tanto o casco quanto as velas parecem escuras. Murnau utiliza o termo ***contre-jour***, derivado de seus estudos em história da arte, que significa literalmente "contra o dia", para esse tipo de iluminação. Ele reaparece diversas vezes nas anotações de Murnau; a técnica é versátil para diferentes propósitos, mas em *Nosferatu,* ela é geralmente empregada para criar imagens do tipo que Burke teria denominado como "sublimes" — em suma, o tipo de beleza associado ao espanto, ao medo e até mesmo à dor, em contraste com a saúde, o prazer e a tranquilidade.

Um novo capitão assumiu o comando. O *Empusa* se tornou um navio da morte.

ATO IV

Uma visão empolgante: a proa do navio, vista do deque. O mar ondula pesado, enquanto o navio avança rumo ao porto. Corta para Ellen, em suas brancas roupas de dormir, enquanto uma tempestade assola a terra. Ela estende os braços diante de si, em uma clássica pose de "sonâmbula". No roteiro: "Ellen, suas roupas flutuando ao vento, seu cabelo como uma bandeira, está caminhando sonâmbula na tempestade. Ela estica os braços de forma defensiva. Uma figura branca contra o escuro céu noturno. ***Contre-jour!*** **Nuvens!**".

A proa do navio outra vez.

A ascensão de Orlok

Ondas pesadas acertam a embarcação.

Na casa de Ellen, o vento sopra cortinas brancas de volta para dentro do quarto de Ruth, acordando-a. Ela corre até Ellen.

Os olhos de Ellen estão vítreos. "Devo ir até ele — ele está a caminho". Mas quem seria esse "ele": seu marido ou o conde morto-vivo? A maioria dos críticos concorda que a ambiguidade desse momento é intencional, acentuando o vínculo secreto entre Ellen e o vampiro, estabelecido no Ato II. Alguns sugerem que, apesar da aparência grotesca de Orlok, a conexão entre eles possui uma natureza explicitamente erótica: Ellen deseja a vil criatura tanto quanto a teme. A ambiguidade é quase certamente intencional, embora o próximo corte — para Hutter, desembarcando de uma carruagem — forneça a resposta "oficial" da narrativa, por assim dizer: é por seu marido que ela anseia.

Outra vez: a proa do navio sendo castigada pelas ondas pesadas. Knock, em sua cela, fica mais agitado do que nunca.

Em seguida, provavelmente a imagem mais perturbadora de todo o filme: o navio, sem nenhuma alma viva a bordo, avança ao longo do canal da direita para a esquerda da tela; também não há sinal de ninguém na costa. À medida que se move pela tela, o navio obstrui a imagem da catedral: o mal sobrenatural triunfou sobre o bem sobrenatural. Descrita em texto, a cena pode parecer carregada de simbolismo; mas na tela, o efeito é mais sutil e insidioso. Christopher Frayling afirmou[59] que essa imagem provavelmente é sua preferida, não apenas em *Nosferatu*, mas em qualquer filme de terror; uma preferência que merece destaque, tendo em vista sua vasta experiência com o gênero.

Ao resenhar uma retrospectiva sobre Murnau realizada em fevereiro de 2003, o jornalista Andres Kilb descreveu essa cena como a "resposta" de Murnau ao *A Chegada de Um Trem na Estação* (*L'arrivée d'un train em Gare de la Ciotat*, 1895) dos irmãos Lumière. Na mesma linha excêntrica, porém impactante, ele continua: "O navio da morte desliza como uma nuvem sombria. Pela primeira vez no cinema mudo, é possível *ouvir* o silêncio, a extinção total de qualquer som. Nenhum filme de terror posterior jamais conseguiu superar o terror desta primeira imagem".[60]

Knock está em êxtase em sua cela. "O mestre está próximo! O mestre está próximo!". Ele pula na cama como um símio. Uma tomada ampla do navio, agora completamente parado. Então uma sequência com efeitos especiais: em uma série de pequenos cortes rápidos, uma lona encerada, por magia, se descola e se afasta da entrada da área de carga. A porta se abre. Emergindo da escuridão, a cabeça medonha de Nosferatu surge com lentidão, sondando o ambiente com olhos ardentes. (Esta é uma de tantas tomadas que ainda conseguem produzir calafrios em todos, exceto o público mais *blasé* do século XXI).

Orlok, agora em terra, atravessa um grande arco, levando seu caixão debaixo do braço. O arco enquadra nossa visão do navio. A entrada para a área de carga se abre, e os ratos começam a sair em enxame. Uma tomada longa de uma rua mostra casas com telhados de azulejo nivelados de forma abrupta. (Um dos momentos que Eisner elogiou como Expressionismo puro). Hutter se apressa, da esquerda para a direita. Nosferatu, caminhando na direção oposta, passa pelo muro de uma igreja.

No interior da casa de Ellen e Hutter, Ellen desfalece nos braços do marido.

Nosferatu continua caminhando pelas ruas com seu caixão.

Ellen: "Graças a Deus você está bem!".

A cena corta para o muro dos armazéns de sal.

Orlok está de pé, em um pequeno bote que desliza pelo canal em frente ao prédio, impulsionado por alguma força oculta. (Essa imagem foi inspiração direta de "Ilha dos Mortos", de Böcklin). Em terra, ainda com o caixão debaixo do braço, ele se aproxima de uma porta fechada... e se dissolve através dela.

Nasce o dia, e as autoridades estão investigando o navio fantasma. Eles encontram o comandante morto e o desamarram do timão. "Nem uma vivalma a bordo." Um dos homens investiga o porão; enquanto isso, o corpo do capitão é carregado pela prancha de embarque. O homem que encontrou o diário de bordo começa a ler as últimas entradas do capitão, que aparecem na tela em forma de texto manuscrito. Ele também sai pela prancha de embarque.

Orlok e seu caixão; Orlok alcança sua base

O tamborileiro anuncia a epidemia

Na prefeitura da cidade, o médico e os outros examinam o corpo do capitão. (A cena é inspirada em Rembrandt). Em seguida, ele lê o diário do capitão:

> Segundo dia. 13 de julho.
> Um marinheiro adoeceu com febre...
>
> Terceiro dia. 14 de julho.
> O imediato está falando de forma estranha. Ele diz haver um estranho passageiro debaixo do deque.

Eles chegam à conclusão óbvia, aterrorizante e não totalmente equivocada: "Praga!". Os respeitáveis cidadãos na prefeitura saem correndo para suas casas, deixando a sala deserta. (As observações de Murnau mostram que ele cogitou encerrar o ato nesse momento). A câmera então se abre para uma longa tomada de uma rua próxima. Uma figura solitária, um tamborileiro, caminha pelo meio da rua, alertando os moradores locais. Temos um close nele, que para de tocar seu instrumento e lê uma proclamação.

Tomadas individuais exibem os moradores abrindo suas janelas e olhando para fora para ver o que está acontecendo. (O roteiro era mais macabro que a versão filmada: "Uma janela fechada. A portinhola se abre, revelando a cabeça de uma mulher: totalmente pálida, cabelo longo e despenteado. Em seu pescoço, as agourentas marcas de dentes".). O tamborileiro enrola a proclamação e retoma sua batida. Outra tomada longa da rua, com o homem continuando seu caminho.

ATO V

A cena inicia com a entrada de uma das casas da cidade. Um homem, um policial local, lentamente deixa a casa e desenha a giz uma cruz branca na porta, indicando que ela foi atingida pela praga. Em uma tomada longa, ele caminha rua abaixo, fazendo mais cruzes em cada porta. Mais adiante, ao final da rua, um grupo de carregadores de caixão deixa outra casa, transportando um caixão nos ombros.

A cena corta para uma tomada em close de Ellen, agitada, lendo o livro sobre vampiros. Vemos as palavras em fonte tipográfica gótica. Ela fica cada vez mais apreensiva. Hutter entra apressadamente no quarto e a envolve em seus braços. No entanto, ela se afasta dele e, com um gesto dramático, aponta para a janela. Descobrimos o que ela tem visto: a sinistra visão das casas vazias do outro lado da rua, e Nosferatu, mal visível em um plano distante, observando-os.

A versão final da cena difere um pouco do roteiro e das anotações de Murnau, mais detalhadas do que o costume. Isso evidencia seu cuidado meticuloso com os detalhes de luz, sombra e contraste:

Cena 132

Quarto de Ellen
15 metros 2x vela sombreada sobre mesa próxima da poltrona
Capa do livro. Título.
(Vampiro). Mostrar Capítulo I do livro.

Dissolve para:
Ellen na janela, o livro em seus joelhos, continua a leitura, superando sua aversão.
Capítulo II aparece.

Close-up médio:
Ellen está refletindo sobre o que acabou de ler.
Hutter aparece no enquadramento, agitado, e agarra o livro de forma quase hostil.
Ellen, agora em pé, o encara firme nos olhos, vira-se e aponta para a casa deserta.
Contrastar os dois
Ela, vestido preto e xale
Hutter, colete e paletó preto

Hutter vai até a janela, mas, a princípio intimidado demais para olhar, fica de costas para ela. Lentamente, ele se vira, fica horrorizado com o que vê e dá as costas devagar, seus braços agarram com firmeza os próprios ombros... e colapsa na cama.

Uma rua escura, iluminada apenas por uma lamparina distante, à direita da tela. Em primeiro plano, outra lamparina é acesa, iluminando com clareza a figura do acendedor de lamparinas da cidade, que prossegue para puxar a corda que a ergue a seu nível correto. (Essa breve sequência, embora pouco contribua para a trama, acrescenta de forma memorável à atmosfera de apocalipse iminente). Um letreiro nos informa que a cidade está em estado de medo.

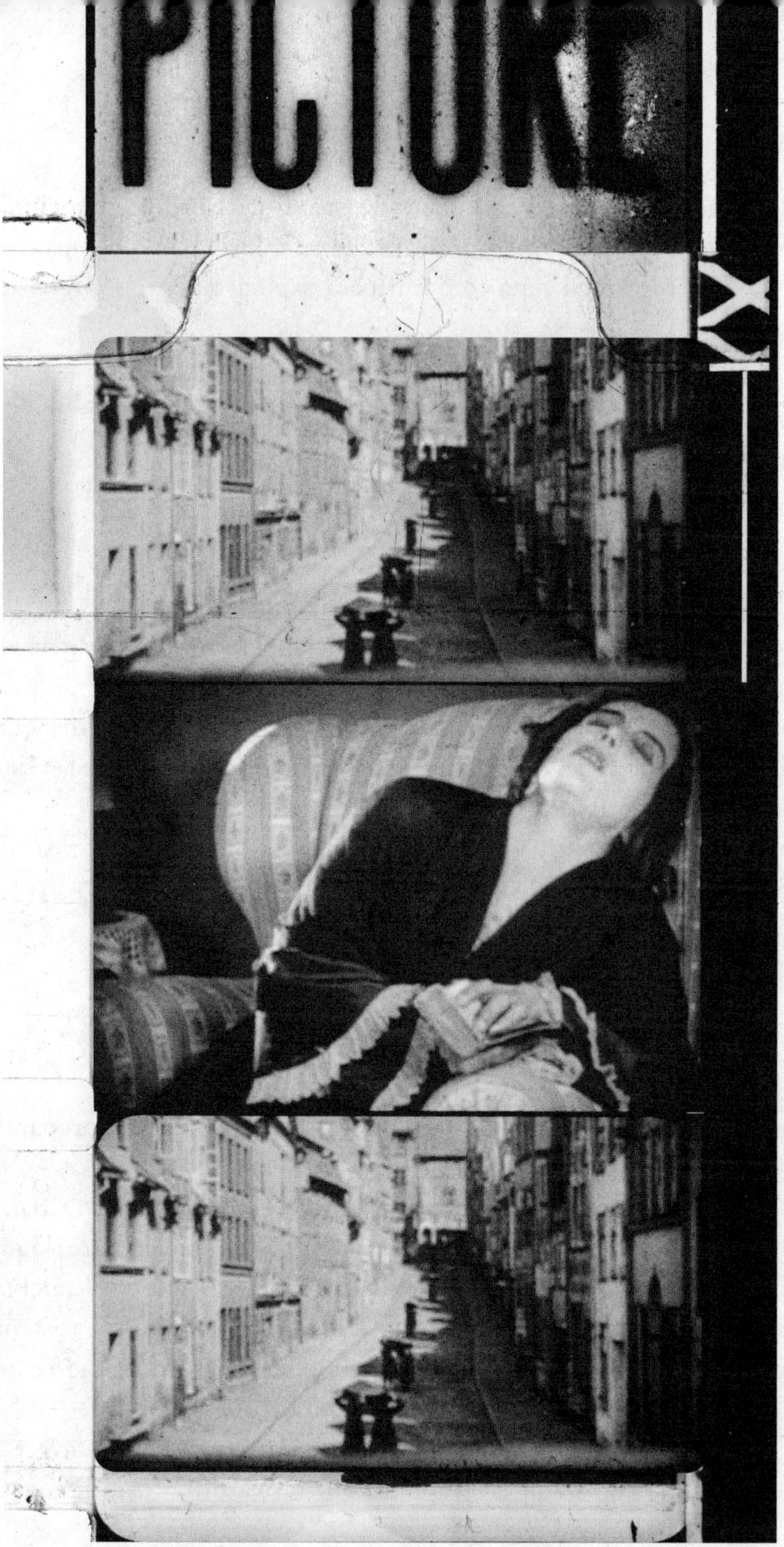

A câmera se fecha e se abre para Ruth, aflita; Harding se inclina sobre ela, tentando acalmá-la, antes de deixar o local para encontrar o dr. Sievers. No roteiro, a cena com Ruth era explicitamente sobrenatural:

> Roteiro:
> "A janela segue coberta pela cortina. Atrás dela, a sombra de um morcego gigante.
> Ele cresce cada vez mais. Logo, não é mais um morcego.
> Um vampiro? NOSFERATU?!
> O corpo de Ruth bate na parede..."

De volta para Ellen, que observa de outra janela. Do seu ponto de vista, vemos a rua estreita, repleta de moradores carregando caixões. Ellen desabada em uma cadeira e, outra vez, pega o livro sobre vampiros. Vemos sua fonte tipográfica gótica explicando como o vampiro pode ser derrotado por uma mulher pura. Conforme o roteiro descreve:

> APENAS SE UMA MULHER CASTA
> PUDER DESTEMIDAMENTE FAZÊ-LO
> ESQUECER-SE DO PRIMEIRO CANTAR DO GALO
> ELE SE DESINTEGRARÁ
> À LUZ DA AURORA.

A expressão no rosto de Ellen muda aos poucos. Ela está se preparando para um plano desesperado.

Nas ruas, tanto jovens como velhos discutem sobre a crise atual. Em uma longa tomada aérea, vemos uma figura correndo pela rua e, logo depois, sendo perseguida por uma multidão cada vez maior. É Knock, que escapou do sanatório. Ele escala um telhado, gargalhando e rosnando. Os cidadãos atiram pedras nele. Ele atravessa o topo do telhado e desce a um pátio nos fundos antes de sair correndo outra vez.

De volta para Ellen, vemos que está bordando *Ich Liebe Dich* (Eu Te Amo) em uma almofada (para quem? Hutter? Orlok?). A cena original continha mais detalhes:

Cena [149] 147 8 metros

> Quarto de Ellen.
> Ellen está em uma velha poltrona, concentrada em seu bordado em ponto-cruz, estilo década de 1840. Na almofada bordada, lê-se a inscrição:
> EU TE AMO
>
> Close-up:
> Cansada, ela cai em devaneios. **Então acende uma lamparina.**
>
> Close-up médio:
> Ellen retoma o trabalho outra vez, determinada a concluí-lo.

De volta a Knock correndo. Ele chega à zona rural, ainda perseguido. A câmera foca em um toco de árvore; de forma inesperada, Knock ergue-se por trás dele, com um olhar malicioso — um toque de sagacidade. A multidão se aproxima. Uma tomada longa de um milharal, ocupada quase por inteiro pelo céu e com forte iluminação contrária — o *contre-jour* de Murnau outra vez — ressalta a silhueta de uma pequena figura. Knock? Um único morador da cidade ataca essa figura, que agora vemos se tratar de um espantalho. Murnau mantém a tomada, enquanto o resto da multidão invade a cena como uma horda de pequenas silhuetas escuras. O efeito é como o da "dança da morte".

Pôr do sol.

Em close-up médio, a terrível face dentuça de Nosferatu espreita pela janela de sua casa. A visão é assustadora para a maioria, exceto as plateias mais dessensibilizadas, embora Murnau não alcance o nível adequado de grotesco sobrenatural proposto pelo roteiro:

> **133**. Uma janela, dividida em quatro painéis retangulares. Iluminação *contre-jour*. Parado na janela, quase ocultando-a por completo, há algo semelhante a uma aranha preta de quatro patas.

[Um eco visual das aranhas da cela de Knock]. Levam alguns instantes até se tornar perceptível serem os dedos de Nosferatu, esticados como garras na janela. No centro do corpo, sorrindo com malícia, a face pálida com seus dentes de rato.

Ellen, deitada de camisola, acorda sobressaltada e senta-se dominada pelo medo. A face de Nosferatu reaparece. Ellen coloca a mão no peito, como se seu coração estivesse falhando. O vampiro a convoca mentalmente para que vá até à janela fechada.

O rosto de Nosferatu segue impassível. Ellen estende os braços em direção às travas da janela, mas cai cheia de dores para trás. Um corte rápido exibe Hutter do outro lado da sala, dormindo profundamente em sua poltrona. O rosto de Nosferatu aparece uma última vez. Ellen por fim se entrega e abre a janela. De forma inexplicada, tal ato concede a Orlok o poder necessário para invadir a casa dela. Seguindo a tradição do folclore vampírico, mencionada por Van Helsing em *Drácula*, um vampiro só pode entrar em uma casa nova se for convidado. Daí o título da aclamada produção sueca *Deixa Ela Entrar* (*Låt den rätte komma in*, 2008).

Ainda assim, a questão com a janela pode ser um pouco enigmática, até mesmo para as pessoas familiarizadas com essa tradição. O roteiro esclarece esse enigma: originalmente, Nosferatu deveria adentrar pulando pela janela:

Cena 164
6 metros

Em frente à casa de Hutter
Não há ninguém por perto. Nosferatu está se aproximando. Ele para de súbito. (Está se preparando para pular, olha para cima). Ele entra na casa.

Cena 165
6 metros

Quarto de Ellen

Ellen se vira para trás de repente. Ela está tremendo de medo, antecipando o horror prestes a acontecer.

E ele está vindo —

Devagar,

tenso como um animal predador. Ela se contorce, move-se para trás, passo a passo, e passo a passo, a coisa a segue.

!Coração — Mão!

(Possivelmente, esse último trecho seja a origem da cena em que a sombra da mão de Orlok cobre o coração de Ellen).

Orlok ergue um dos braços bem alto para um lado, como numa pose de louva-deus, e começa a se afastar pela esquerda da tela. Ellen colapsa e então acorda o marido, desmaiando assim que ele desperta.

Hutter a acomoda na cama. Ela recobra a consciência, apenas por tempo suficiente para implorar que ele convoque Bulwer. Nós, ao contrário de Hutter, percebemos que essa é a estratégia altruísta de Ellen para tirá-lo do caminho e garantir sua segurança antes da chegada de Orlok.

Ele sai pela porta da frente em busca de Bulwer.

Ellen se senta na cama.

Foco na escada. A grande sombra de Orlok se estende, conforme ele sobe as escadas — uma imagem que entrou para a história como o mais sinistro uso de sombras em todo o cinema da era Weimar, um período repleto de fortes competidores.

No topo das escadas, a sombra de Orlok avança, sua garra se estende em direção à porta.

Nem o roteiro de Galeen nem as anotações de Murnau mencionam esses efeitos de sombra tão emblemáticos atualmente, nem às sombras lançadas sobre o corpo de Ellen na cena seguinte. Parece seguro presumir que a ideia surgiu durante as filmagens das cenas internas em Berlim, e que Grau construiu os cenários para facilitá-las.

Ellen continua na cama, assustada, porém, resoluta. A câmera assume um ângulo levemente diferente. Devagar, a sombra de Nosferatu começa a avançar sobre o corpo dela. Quando alcança seu coração, ela convulsiona de dor.

Do outro lado da cidade, Hutter acorda Bulwer, que cochilava em sua poltrona — vestido com sua túnica e seu barrete — similar ao próprio Hutter dormindo. Hutter o impele a se apressar, e ele remove suas vestes.

Uma cena clássica: no canto inferior esquerdo da tela vemos a cabeça de Nosferatu enquanto ele se inclina até o pescoço de Ellen. Ela está inerte. Não conseguimos distinguir nenhum movimento, mas é evidente que o vampiro está bebendo o sangue da jugular dela.

Knock é capturado.

A cena da "alimentação" é vista outra vez.

Um galo canta — a aurora chega. A face de Nosferatu se ergue, devagar. Uma suspeita horrível lhe ocorre. Ele vira sua cabeça em direção à janela...

O galo canta outra vez.

Knock está de volta à sua cela. Ele pressente que Orlok está em perigo. "O Mestre..."

Hutter e Bulwer caminham pela rua banhada pela luz da aurora. Em sua cela, Knock escala desesperado em direção à alta janela, porém, não consegue alcançá-la, impedido pelos funcionários.

No quarto de Ellen, Orlok se levanta com rigidez. Ele cambaleia em direção à janela. A luz do sol o atinge. Ele se inclina para trás em agonia e então se vira, espelhando a mesma postura quase impossível. Mais luz. Ele começa a se dissolver como já o vimos fazer antes... porém, dessa vez, a dissolução termina em um sopro de fumaça.

Knock, agora amarrado em cordas, pressente a ausência. "... está morto!".

Ellen esboça um pálido sorriso — ela sabe que venceu, mas também conhece o preço de sua vitória — e se levanta um pouco. Hutter entra correndo e a agarra com paixão fervorosa.

Ellen (presumimos) morre em seus braços. Seu sacrifício, assim como o de Senta em *Holandês Voador* de Wagner, salvou o seu amado. A tragédia está encerrada.

Murnau filma essa última tomada do drama do lado de fora da porta do quarto: à esquerda, uma parede; no meio, em um plano mais profundo, Hutter com a cabeça apoiada na cama, abraçando a esposa morta; à direita, a forma quase imóvel do professor incapaz, sob o peso de sua aparente vergonha pela ineficácia. Lentamente, ele caminha um passo ou dois para a esquerda da tela.[61]

Texto: O pássaro da morte foi destruído.

A última tomada do filme mostra um castelo em ruínas — como se o covil de Orlok tivesse desmoronado agora que seu habitante, por fim, foi posto em seu derradeiro descanso.

Ende.

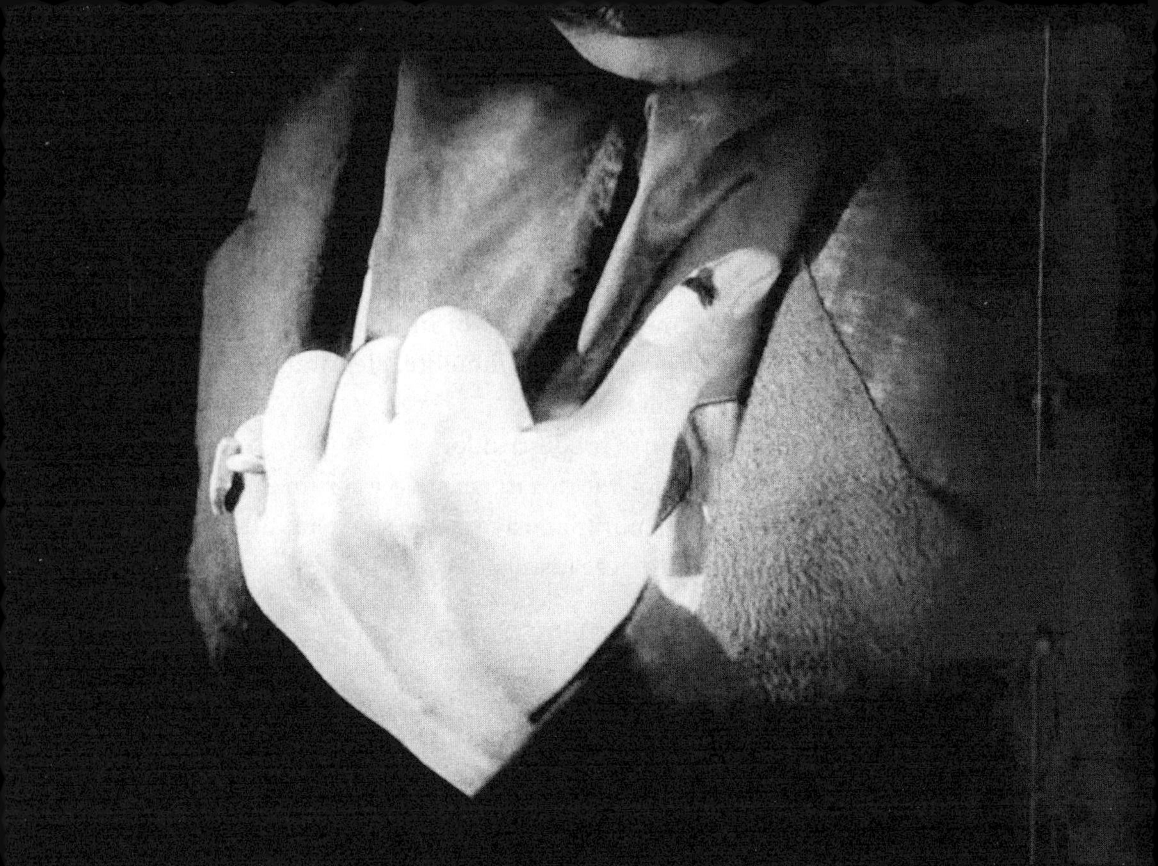

CAPÍTULO 5

LANÇAMENTO, REAÇÕES E REPUTAÇÃO

BERLIM

A prévia oficial de *Nosferatu* ocorreu em 4 de março no Salão de Mármore da Sociedade Zoológica de Berlim. Para a ocasião, foi solicitado aos convidados que se vestissem à moda Biedermeier. A estreia pública ocorreu onze dias mais tarde, em 15 de março, no Primus-Palast, em Berlim. A campanha de divulgação — quase certamente orquestrada por Grau — foi planejada para agitar, provocar e até mesmo desafiar o público:

Nosferatu — aquele que não pode morrer!
1 milhão de fantasias lhe ocorrem quando você ouve o nome:
Nosferatu!
NOSFE
RATU
Ele não morre!

O que você espera da primeira exibição dessa grande obra? Você não tem medo? Homens devem morrer. Mas diz a lenda que um vampiro, Nosferatu, "o morto-vivo", vive de sangue humano! Você deseja ver uma sinfonia do horror? Pode esperar por mais. Tenha cuidado. Nosferatu não é apenas diversão, nem algo a ser encarado com leviandade. Outra vez: tenha cuidado.

Logo ficou claro que a Prana-Film investira mais com a publicidade do que com a produção em si. O filme não alcançou sucesso comercial, mas recebeu uma recepção crítica majoritariamente positiva, com algumas avaliações entusiasmadas. Em 11 de março, o *Lichtbuld-Bühne* chamou o filme de "obra-prima", e o *Der Film* usou o termo "golpe de mestre". Em 18 de março, o *Das Tagebuch* julgou-o "excepcional" e elogiou sua "poesia". A aclamação quase unânime foi contraditada apenas por uma única resenha negativa do esquerdista *Leipziger Volkszeitung*, que menosprezou seus temas ocultistas como mera mistificação capitalista.

As críticas positivas não foram suficientes para sanar as dívidas. Em junho de 1922, a Prana-Film foi incorporada pela Deutsch-Amerikanische Film Union — DAFU (Sindicato de Cinema Alemão-Americano). Neste mesmo momento, os representantes legais de Florence Stoker entraram na história. Ela estava sendo representada pela Society of Authors (Sociedade de Autores), que, como evidencia a correspondência sobrevivente, parecia achar a viúva bastante exasperante, e o caso, uma irritação. Contudo, a despeito disso, persistiu em pressionar a empresa alemã.

O caso se arrastou por um ano. Em junho de 1923, o comitê da Society of Authors estava esgotado da contenda prolongada. Mas a sra. Stoker não estava disposta a ceder. Em julho de 1924, as cortes alemãs propuseram que a DAFU deveria pagar à sra. Stoker o equivalente a 5 mil libras, mas a empresa recorreu. Em fevereiro de 1925, a corte de apelação decidiu outra vez a favor dela; de novo, eles recorreram.

Ante a perspectiva de que receberia pouco ou nenhum dinheiro, ela mudou sua estratégia e passou a exigir que todas as cópias do filme fossem destruídas. Em 10 de julho de 1925, os administradores por fim concordaram em cooperar e desfizeram-se de todas as reproduções que possuíam. Porém, a essa altura, cópias e negativos já circulavam além-mar, muito longe do alcance da DAFU.

LONDRES

A sra. Stoker agora enfrentava um inimigo mais próximo.

Um grupo cultural de alto nível, a Film Society, que contava com membros proeminentes como H. G. Wells, George Bernard Shaw e Julian Huxley, estava organizando uma temporada com alguns dos mais importantes filmes dos últimos anos, a serem exibidos em projeções particulares. Uma das principais atrações anunciadas era "*Drácula* de F. W. Murnau". Florence ficou indignada e contatou o organizador da Film Society, o jovem intelectual Ivor Montagu — um socialista versado no marxismo, oriundo de uma família abastada, que mais tarde trabalharia com personalidades como Eisenstein e Hitchcock.

Florence buscou o auxílio de um agente, um tal C. A. Bang, que lidava com seus interesses a respeito de *Drácula*. Talvez esperasse uma concessão rápida de Montagu , mas ele se manteve firme, com uma ferocidade que levou o jovem marxista a escrever uma carta para Bang se desculpando por sua rudeza inicial. Montagu revelou que *Nosferatu* já havia sido rejeitado por todas as principais distribuidoras britânicas por ser "horrível demais"; como consequência, o filme não possuía valor monetário no Reino Unido, motivo pelo qual o importador havia oferecido à Film Society uma cópia da película pela bagatela de 40 libras. Bang e seus associados se empenharam a encontrar esse importador e acabaram descobrindo se tratar da Sargent's Trust Ltd de Chancery Lane. No entanto, nenhuma lata de filme pôde ser encontrada.

O confronto entre a sra. Stoker e a Film Society ficou cada vez mais amargo, após as notícias de que Florence havia recentemente vendido os direitos cinematográficos de *Drácula* para a Universal. (Ver abaixo.) Tudo veio à tona em 7 de fevereiro de 1929, quando ambas as partes se encontraram, cercados por suas equipes jurídicas, em uma reunião tensa e intransigente. Por fim, a sra. Stoker saiu vitoriosa. Ao final de março, a Film Society entregou sua cópia; ao que tudo indica, foi incinerada por volta de 1º de abril.

PARIS

A primeira exibição de *Nosferatu* em Paris ocorreu já em novembro de 1922. Ao longo da década de 1920, o filme teve diversos outros lançamentos, incluindo uma versão editada especificamente para o mercado francês em 1926. Henri Langlois preservou uma cópia do *Nosferatu* francês (ou possivelmente uma versão um pouco posterior, de 1927) na Cinémathèque Française. Uma das personalidades mais célebres a assistir à cópia em seu relançamento, em 1928, foi o romancista André Gide. Na entrada em seu diário de fevereiro daquele ano[62], ele expressa desdém, além de acreditar que poderia conduzir o filme de forma mais artística do que Murnau:

> Ontem: *Nosferatu, o Vampiro*.
>
> Filme alemão, bastante medíocre, mas de uma mediocridade que faz você pensar e lhe convida a imaginar algo melhor.

Após criticar que o filme não evocava nem pena, nem terror (as virtudes aristotélicas da tragédia), e que a atuação do herói era exagerada, ele então declarou que o filme foi equivocado ao deixar claro desde o início que Orlok era um vampiro. "Se ele exibe suas presas logo de cara, não passa de um pesadelo infantil." Além disso, ele considerou a questão semicientífica da aula do professor Bulwer como "apresentada com uma mão pesada típica de um alemão: absurdo".

Gide prossegue delineando como *ele* teria abordado a história: tornando o vampiro, embora hediondo para os outros, deveras atrativo para Ellen; e então fazendo o próprio vampiro se apaixonar por Ellen, exibindo uma aparência cada vez menos horripilante, até, por fim, se tornar atraente. Portanto, conclui ele, quando víssemos Nosferatu destruído, nos compadeceríamos dele. (Ao menos, a primeira metade do que Gide propõe — a atração mútua de Orlok e Ellen — corresponde com o padrão das críticas sobre o filme ao longo das últimas décadas. Gide, em outras palavras, sugeriu transformar o subtexto erótico em trama principal). Ele conclui: "Em suma, um filme completamente mal feito".[63]

O ENIGMA DAS CÓPIAS E *THE TWELFTH HOUR (A DÉCIMA SEGUNDA HORA)*

Estudiosos de cinema que começaram a estudar *Nosferatu* após a Segunda Guerra Mundial ficaram intrigados com o fato de que o filme existia em ao menos duas versões distintas, uma delas cerca de mil metros mais longa que a outra. Foi Lotte Eisner quem solucionou o mistério. Ela descobriu que, em 1930, uma empresa clandestina chamada Deutsche-Film Produktion havia se apossado de boa parte das filmagens de *Nosferatu* — parece que eles conseguiram uma cópia de excelente qualidade, pois as imagens de 1921 são de primeira linha — e então filmaram algumas cenas novas e acrescentaram uma trilha sonora, atribuída a uma técnica que chamaram de "Organon GmbH im Polyphon-Grammophon-Konzern".

O resultado foi o filme *Die Zwoelfte Stunde — Eine Nacht des Grauens* (*A Décima Segunda Hora — Uma Noite de Horror*), cuja "adaptação artística" foi creditada a um certo dr. Waldemar. Antes de ser aprovado pela censura em 14 de novembro, foi exigido que um dos principais acréscimos ao filme original fosse cortado, devido a motivos religiosos. O dr. Roger havia introduzido um personagem inteiramente novo à trama: um belo e jovem padre, interpretado por Hans Behal. Os censores insistiram que o personagem deveria ser cortado, assim como um coral de igreja ao final do filme. (O dr. Roger havia se desfeito da trilha original de Hans Erdmann e encomendado uma nova de Georg Fliebinger, um compositor desconhecido aos historiadores da música, não fosse por este detalhe).

O dr. Roger fez acréscimos substanciais, que ficaram evidentes para os estudiosos de Murnau quando o filme foi descoberto após a Segunda Guerra Mundial. Durante a jornada de Hutter ao castelo de Orlok, o filme faz um corte abrupto para uma longa filmagem de camponeses dançando, se divertindo e aproveitando um banquete em uma longa mesa. (Isso provavelmente eram filmagens de arquivo; F. A. Wagner, quando soube das sequências, negou ter filmado qualquer coisa do tipo). Jovens camponesas riem histericamente de um mágico cuja galinha encantada deposita ovo atrás de ovo. Durante as cenas da praga, o belo padre conduz uma prolongada Missa Pelos Mortos, aliviando a tensão do filme. E os nomes dos personagens foram alterados: Orlok se tornou "Furst Wollkoff", Knock virou "Karsten", Hutter se tornou "Kundberg" e Ellen virou "Margitta".

E, o mais impressionante de tudo, o filme tem um final feliz! As idílicas tomadas de Hutter e Ellen do início do filme foram remanejadas para o fim, após a destruição de Nosferatu. Em contrapartida, o filme abre com as tomadas das criaturas predadoras da aula paracelsiana. Lotte Eisner publicou os resultados de sua meticulosa pesquisa em um artigo na *Cahiers du Cinéma*.[64] Ela estabeleceu, sem sombra de dúvida, que a versão francesa era obra de Murnau, ao passo que a alemã, do dr. Roger.

NOSFERATU E OS SURREALISTAS

Nosferatu tornou-se um dos filmes mais celebrados pelos surrealistas, referenciados como uma grande inspiração artística. Eles ficaram impressionados com a dimensão erótica, assim como por seus elementos oníricos. O líder do movimento, André Breton, ficou encantado em particular com o letreiro no qual se lia, na versão francesa: "*Et quand il fut de l'autre côte du pont, les fantômes vinrent à sa rencontre*" ("E quando ele cruzou a ponte, os fantasmas vieram ao seu encontro"). (Essa foi uma interpretação livre do original em alemão, no qual se lia: "*Kaum hatte Hutter die Brücke überschritten, da ergriffen ihn die unheimlichen Gesichte*" ["Assim que Hutter atravessou a ponte, visões inquietantes tomaram conta dele"].) Breton, que havia ido numa sessão tarde por impulso, ficou encantado com a intensa pertinência poética do verso, conforme relatou. Ele se recordava de ter ficado em um estado de quase êxtase quando saiu do cinema, como se flutuasse a dois metros acima do chão.

Breton escreveu sobre o filme diversas vezes, primeiro em um artigo sobre as pinturas de De Chirico em *La Révolution Surréaliste*.[65] (O texto

"E quando ele cruzou a ponte, os fantasmas vieram ao seu encontro"

foi mais tarde incorporado em *Le Surréalisme et la peinture* [O Surrealismo e a Pintura] em 1928). Ele revisitou grande parte *Nosferatu* em *Les Vases Communicants* (1932). Uma seção desse livro apresenta uma análise detalhada, ao estilo freudiano, de um sonho do qual Breton acordou de súbito às 3 da manhã em 26 de agosto de 1931. Em um fragmento do sonho, ele e um vendedor de meia-idade conversaram:

> [...] sobre uma gravata chamada "Nosferatu", que costumava vender bastante há dois anos, mas receia não ter sobrado mais nenhuma. Encontro-a imediatamente entre as demais. A gravata é de um tom vermelho granada e em suas pontas destaca-se, em branco, o rosto de Nosferatu. O rosto também forma um mapa da França, que está praticamente vazio, com poucos marcadores. A borda oriental é traçada de maneira esquemática em verde e azul, parecendo rios que delineiam de forma surpreendente a figura do vampiro.[66]

A análise do sonho por Breton, que inclui muito mais do que o episódio da gravata Nosferatu (um dos personagens é o surrealista e crítico de cinema Georges Sadoul), se estende por trinta e cinco páginas e é tanto complexa quanto engenhosa. Entre as associações feitas por ele, destaca-se:

> Um morcego voando todas as noites sob as arcadas do hotel [Hotel Reines des Alpes, onde Breton havia se hospedado] evoca a imagem do vampiro. Sua entrada em cena é justificada pela aparência de certas paisagens dos Basse-Alpes ao anoitecer, que são bastante semelhantes às que o filme retrata. Alguns dias antes, essas paisagens me lembraram, em uma conversa, de uma frase que me inspira júbilo e terror: "Quando chegou do outro lado da ponte, os fantasmas vieram ao seu encontro". Aqui, a ponte surge novamente, como evidente símbolo sexual. [67]

Dentre outras percepções aguçadas, Breton faz a conexão entre o lamento do vendedor pela ausência de gravatas e os rumores inquietantes de que os negativos de *Nosferatu* estivessem perdidos, e que a cópia restante não suportaria um grande número de projeções.

Entretanto, Breton não foi o primeiro do grupo surrealista a celebrar o filme. *Nosferatu* já havia sido "descoberto" por outro pioneiro do movimento, o poeta Robert Desnos, que escreveu a respeito em três artigos, sendo o mais notável um ensaio para o jornal belga *Le Soir* em 1927.

Houve mais um relançamento parisiense em 1929. Georges Sadoul, que fez uma ponta no sonho de Breton, recordou-se que os surrealistas frequentam as sessões juntos, uma após a outra, como se participassem de algum ritual secreto. (O fanatismo deles por *Nosferatu* havia sido precedido por uma febre similar em torno de *Les Vampires*, uma série produzida em 1914 por Louis Feuillade, estrelando "Musidora", nome artístico de Jeanne Roques, embora os personagens de *Les Vampires* não fossem mortos-vivos). Esse comportamento levou o jornalista da revista *Magazine Littéraire* a descrever *Nosferatu* como o primeiro de todos os filmes *cult*, um precursor inicial de *The Rocky Horror Picture Show* (1975). Sadoul também lembrou que: "Por diversas semanas, nós [os surrealistas] repetíamos para nós mesmos, como pura expressão de beleza convulsiva, este subtítulo francês: '*Passe le pont, les fantômes vinrent à sa rencontre*'".[68]

Outros surrealistas adotaram a frase muito depois da década de 1920: Gérard Legrand, 1951:

> Chegamos ao paradoxo de um cinema poético no qual o "surreal" conta tão pouco? Há apenas um *Nosferatu*, único e insubstituível. O filme de terror não pode mais ser executado no mesmo formato dos dias do cinema mudo.[69]

Ado Kyrou, 1953:

> *Excesso de fantástico não evoca o maravilhoso*. O fantástico sem o maravilhoso (quando o fantástico se torna o inimigo do maravilhoso) não tem lugar aqui: deixo-o de bom grado aos padres, a Cocteau [os surrealistas tinham por princípio desprezar, insultar e atacar Cocteau sempre que possível] e aos teatros de revista. Não confundo ostensórios com lamparinas, e não me encanto com *qualquer* vampiro ou *qualquer* aparição; há fantasmas que pertencem ao mais baixo nível comercial, fantasmas que têm seu lugar nos alicerces da respeitabilidade.
>
> O medo, o desconhecido, as forças misteriosas, os lugares predestinados e a magia do amor encontram-se todos do outro lado. "Assim que Hutter atravessou a ponte, os fantasmas vieram ao seu encontro." A travessia não pode ser feita em pantufas e muitas são as renúncias, quedas ou buscas por outras pontes, mais seguras, que conduzem ao fantástico sem o maravilhoso...[70]

Em 1951, os surrealistas franceses elaboraram uma dupla lista de diretores — similares às listas de Wyndham Lewis de coisas a "explodir" ou "abençoar" — dividas nas categorias "Ver" e "Não Ver". Murnau está seguro na lista "Ver", acompanhado por Chaplin, Eisenstein, Renoir, Vigo, Cavalcanti, Buñuel, Sternberg e Lang.[71]

Nosferatu também foi aclamado pelos surrealistas em outros países. Por exemplo, na Tchecoslováquia, o romancista Vítězslav Nezval, após assisti-lo em seu tardio lançamento de 1933, ficou tão impressionado com o filme que escreveu um ensaio, "O Vampiro Nosferatu", para relatar seu impacto. Conforme parafraseado pelo crítico Michael Brooke, Nezval "prestou particular atenção ao uso dos objetos no filme, observando como Murnau mostrou-se em total sintonia com o fato de que certos objetos pareciam adquirir uma aura ao seu redor, enriquecida com o passar dos anos, à medida que se tornam depósitos das nossas recordações".[72] *Nosferatu* foi uma enorme influência no mais conhecido romance de Nezval, *Valerie and Her Week of Wonders* (*Valéria e Sua Semana de Deslumbramentos*), publicado em 1945, embora escrito uma década antes. Na adaptação dos anos 1970, dirigida por Jaromil Jireš, o personagem do vampiro é maquiado de modo semelhante a Orlok.

NOVA YORK

Em junho de 1929, *Nosferatu* — agora chamado *Nosferatu, o Vampiro*, e abertamente "inspirado em *Drácula*" — estreou no Film Guild Cinema, em Greenwich Village, na Eighth Street. Esse cinema era um espaço compacto, porém suntuoso, criado pelo arquiteto Frederick Kiesler (1890–1965) e comportava um auditório fantástico dominado por um proscênio no formato de uma íris. Seu proprietário era o idealista Symon Gould — que, anos mais tarde, tentaria concorrer contra John Kennedy e Richard Nixon pela presidência dos Estados Unidos, como candidato pelo Partido Vegetariano Norte-Americano.

A maioria das críticas foi devastadora: "Como marionetes de papelão tentando ser assustadoras a todo custo em cenários de papel machê"; e "mais propenso a causar sono do que medo", segundo o *New York Times*, que afirmava que o som de roncos preencheu o auditório. Contudo, o popular *New York Post* teve uma recepção mais aguçada:

> Desde *Caligari*, nunca este crítico ficou tão envolvido por um filme de terror estrangeiro como ocorreu em *Nosferatu, o Vampiro* de F. W. Murnau. [...] Baseado em *Drácula*, e recentemente apresentado nos palcos [...] e infinitamente mais sutil e sinistro do que a versão teatral. O filme do sr. Murnau não é um horror passageiro, que arranca gritinhos de madames, mas um horror pestilento vindo do medo de coisas raramente vistas.[73]

O filme capturou a atenção de diversos interessados, incluindo o editor e empreendedor teatral Horace Liveright. Durante uma visita a Londres, em 1927, Liveright assistiu a adaptação teatral de *Drácula* — desdenhada pela crítica, mas um sucesso comercial — realizada por Hamilton Deane. Impressionado com o seu poder de agradar as massas, ele se ofereceu para produzi-la nos Estados Unidos, desde que tanto a sra. Stoker quanto Hamilton Deane concordassem com revisões substanciais a serem feitas pelo dramaturgo John L. Balderston. Após várias negociações complexas e tensas, a peça, amplamente modificada, estreou na Broadway em 5 de outubro de 1927. Um soturno ator húngaro com o nome artístico de Bela Lugosi[74] foi escalado como o protagonista. A peça foi um sucesso imediato; e, quando saiu em turnê, desencadeou uma febre nacional por *Drácula*. Em maio de 1929, os lucros de Liveright com a peça ultrapassaram a marca de 1 milhão de dólares.

Naturalmente, Hollywood ficou cada vez mais interessada nesse sucesso. Havia um — falso — rumor de que a sra. Stoker havia vendido os direitos cinematográficos para a Universal. Quando soube disso, Florence ficou outra vez ultrajada. Nesse momento, a história se tornou ainda mais complexa. Ao surgir de modo inesperado na Eighth Street, o supostamente destruído *Nosferatu* alarmou a todos, de Liveright à Universal. A existência desse filme prejudicaria as outras versões de *Drácula*? A Universal estaria mais interessada em destruir o concorrente de seu filme futuro, ou preferiria estudá-lo minuciosamente para ver como filmes de vampiros são feitos? Liveright enviou um de seus empregados para assistir *Nosferatu* no Film Guild Cinema; ele relatou que, embora *Nosferatu* tenha sido claramente baseado em *Drácula*, era tão entediante que não representava uma ameaça real.

Outra figura que acompanhou as exibições da Film Guild com preocupação foi o agente literário Harold Freedman, da Brandt and Brandt em Nova York, que representava John Balderston. Após uma série de ofertas e contraofertas, ameaças e contra-ameaças, as negociações enfim culminaram em concessões hostis. Liveright acabou aceitando 4,5 mil dólares para renunciar a quaisquer direitos futuros sobre *Drácula*. E em 13 de agosto de 1930, a Universal encaminhou um cheque de 400 dólares para a Brandt and Brandt — um pagamento pela cópia de Symon Gould do filme de Murnau. Em 15 de agosto, a Universal recebeu oficialmente a cópia de Gould. Na carta de apresentação de Harold Freedman, lia-se, em parte:

> *Nosferatu, o Vampiro* foi condenado pelos tribunais por violar os direitos autorais da sra. Stoker, e os tribunais ordenaram a destruição de todas as cópias. Estou entregando essa edição a vocês [Universal] para fins de destruição, conforme nosso contrato para aquisição dos direitos de *Drácula* com a finalidade de um longa-metragem.[75]

Agora, a Universal poderia prosseguir com os planos de um filme sobre *Drácula*. Após um período de indecisão, decidiram escalar Bela Lugosi para o papel principal. As filmagens começaram em setembro e terminaram em novembro.

O *Drácula* da Universal estreou em fevereiro de 1931. Murnau faleceu em 11 de março de 1931.

O Museu de Arte Moderna de Nova York recebeu uma cópia da edição francesa de *Nosferatu* em 1947. Como era de praxe naquela época, o conteúdo textual do filme foi traduzido para o inglês. No entanto, algo não tão comum assim, foi a alteração dos nomes dos personagens — retornando a seus nomes originais em *Drácula*, de modo que Orlok se tornou Conde Drácula, Hutter virou Jonathan Harker, Knock se tornou Renfield e Bulwer virou Van Helsing.

Essa versão anglicizada foi a que enviaram para Londres e para o National Film Archive [Arquivo Nacional de Cinema]; e dali para a Alemanha, onde a empresa de distribuição traduziu os letreiros de volta para o alemão, porém, mantiveram os nomes dos personagens conforme aparecem em *Drácula*.

Na próxima parte da história, *Nosferatu* ressurge das sombras do esquecimento crítico e atravessa a ponte do anonimato em direção à cultura popular.

CAPÍTULO 6

VIDAS POSTERIORES

A COMPANHIA

F. W. MURNAU

Embora *Nosferatu* não tenha alcançado sucesso comercial, o entusiasmo da crítica com o filme elevou Murnau à primeira classe dos diretores alemães. Nos quatro anos seguintes, ele faria mais sete filmes: *Terra em Chamas* (*Der Brennende Acker*, 1922), *Fantasma* (*Phantom*, 1922), *A Expulsão* (*Die Austreibung*, 1923), *As Finanças do Grão-Duque* (*Die Finanzen des Grossherzogs*, 1924), *A Última Gargalhada* (*Der Letzte Mann*, 1924), *Tartufo* (*Herr Tartüff*, 1926) e *Fausto* (*Faust*, 1926). Dentre esses, os dois mais notáveis são *A Última Gargalhada*, pelo uso inovador e impressionante de uma câmera móvel — frequentemente afirmam que Murnau foi o primeiro diretor a "libertar a câmera" — e *Fausto*, por seus efeitos visuais deslumbrantes e sua potência mítica.

A Última Gargalhada teve um desempenho fraco nas bilheterias dos Estados Unidos — comentava-se que ninguém queria ver um filme sobre um idoso passado para trás —, mas empolgou os cineastas. William Fox ofereceu uma proposta irresistível a Murnau e, em julho de 1926, ele partiu para Hollywood, onde foi recebido pela colônia cinematográfica inteira como celebridade. Fox o apresentou como, simplesmente, "o gênio alemão". Recebendo um generoso orçamento e — uma concessão rara — completo controle artístico, Murnau iniciou seu trabalho com *Aurora*, adaptação livre de "Die Reise nach Tilsit" ("A Jornada a Tilsit"), um dos contos de *Litauische Geschichten* (Contos Lituanos, 1917) de Hermann Sudermann. O filme apresenta em seu cerne uma simples história de amor, sobre um casal cuja felicidade é ameaçada pela tola paixão do marido por uma garota da cidade grande. Ao contrário do conto de Sudermann, *Aurora* termina com final feliz, com o casal reunido e a sedutora enviada de volta à cidade.

Esse resumo não faz jus ao visual avassalador do filme. Espectadores criteriosos reconheceram essas qualidades excepcionais de imediato. O crítico Robert Sherwood, escrevendo para a revista *Life*, disse:

> Embora minha admiração por Ernst Lubitsch seja imensa — alguns diriam "excessiva" — o título de Maior Diretor do Mundo, de acordo com minha avaliação pessoal, já não pertence mais a ele. Agora, seu detentor é F. W. Murnau. Para mim, *Aurora* é o mais importante filme da história do cinema.[76]

Nos últimos anos, muitos críticos adotaram a visão de Sherwood, e *Aurora* com frequência aparece em listas de "os melhores filmes de todos os tempos", embora por décadas sua reputação tenha sido ofuscada por *A Última Gargalhada*. Apesar disso, o filme jamais alcançou a mesma notoriedade ou visibilidade de *Nosferatu*.

No entanto, o público se manteve distante, e Murnau teve de abandonar os orçamentos suntuosos e a dominância artística em seu próximo filme norte-americano, *Os Quatro Diabos* (*The 4 Devils*, 1928). Talvez num gesto de penitência, reconhecendo o prejuízo financeiro de *Aurora*, Murnau cedeu a ponto de acrescentar um final feliz exagerado, como exigido por Fox. De fato, Fox conhecia o público: o filme obteve um lucro modesto. Nas entrelinhas, parece que Murnau se frustrou com a interferência de Fox, ainda mais quando reconheceu que ele tinha uma percepção comercial mais apurada. Para sua próxima produção, o cineasta viajou ao Oregon para fazer um filme sobre trigo: "Sobre a sacralidade do pão, o distanciamento dos habitantes da cidade moderna e sua ignorância a respeito das fontes de sustento da natureza".[77] Inicialmente intitulado *Our Daily Bread*, foi rebatizado para *City Girl* (1930; no Brasil, *O Pão Nosso de Cada Dia*) para seu lançamento no formato aprovado por Fox.

Uma vez no local das filmagens, Murnau revelou-se um gastador inveterado, rendendo-lhe comparações a sujeitos como von Stroheim. Ele chegou a comprar uma fazenda para que pudesse capturar tomadas majestosas do trigo, tendo suas câmeras rebocadas em trenós pelas colheitas maduras. Seu sonho era fazer um filme que possuísse a autoridade e a clareza de uma xilogravura de Dürer. Fox ficou desanimado com a primeira montagem de Murnau: o filme era longo demais, lento demais, e os trabalhadores rurais não pareciam norte-americanos. Ele contratou comediantes para criar cenas cômicas que pudessem ser inseridas na trama e exigiu cortes brutais.

Murnau rompeu seu contrato de cinco anos com Fox e partiu para a última grande aventura de sua vida nos Mares do Sul. Ele obteve sua habilitação náutica e comprou um iate digno de um pescador de Gloucester, o *Pasqualito*; Murnau o renomeou *Bali*, pois ele tinha a ambição de velejar para lá. O *Bali* media vinte metros de comprimento e era esguio, com apenas cinco metros de largura. Ele levou consigo uma pequena biblioteca de livros sobre os Mares do Sul, incluindo obras de Conrad, Melville, Stevenson e Pierre Loti. Saindo da Califórnia, navegou ao longo da costa do México até as Marquesas, visitando muitas ilhas em busca de lugares e pessoas que não tivessem sido contaminados pelo ocidente. (O efeito dos navios ocidentais, que traziam doenças como tuberculose, gripe e sífilis para populações com pouca ou nenhuma resistência a essas enfermidades, foi semelhante ao navio da morte adentrando Wismar).

Durante esse período nos Mares do Sul, Murnau uniu forças com Robert Flaherty, famoso por ter dirigido *Nanook, o Esquimó* (*Nanook of the North*, 1922), cuja última produção, no México, estava fracassando. Os dois firmaram um contrato com uma empresa de produção independente, a Colorart, para produzir um longa-metragem em conjunto. Contudo, a Colorart estava à beira da falência, então Murnau se ofereceu para financiar o filme com seus próprios recursos, gastando todas as suas economias provenientes de Hollywood no curso de dezoito meses com uma produção intitulada *Tabu*. Ele se afundou em dívidas e seu iate foi roubado.

Na última hora, a ajuda da Paramount chegou. Eles tinham visto uma montagem inicial de *Tabu* e gostaram tanto que ofereceram a Murnau um contrato de dez anos. Ele ficou exultante e logo começou a planejar seus próximos filmes, incluindo uma adaptação de *Typee: Um Olhar sobre a Vida na Polinésia* (*Typee*, 1846), de Melville. No entanto, a história não teve um final feliz digno de Hollywood. A estreia de *Tabu* em Nova York estava agendada para 18 de março de 1931. Murnau faleceu em um acidente de carro em 11 de março.

MAX SCHRECK

Schreck (nascido em 1879) trabalhou com Murnau mais uma vez, em *As Finanças do Grão-Duque*. Ele também apareceu em um curta-metragem cômico roteirizado por Bertolt Brecht. (Brecht e Schreck se conheceram na companhia de teatro Munich Kammerspiele; Schreck atuou na peça que marcou o primeiro sucesso de Brecht, *Tambores na Noite* [*Trommeln in der Nacht*, 1918]). Embora ele tenha atuado em diversos outros filmes, a partir de 1926, Schreck dedicou-se principalmente à vida nos palcos em Munique. Ele morreu de insuficiência cardíaca em 20 de fevereiro de 1936, após ter adoecido enquanto interpretava o Grande Inquisidor em *Don Carlos*.

"Max Schreck" foi o nome dado ao personagem interpretado por Christopher Walken em *Batman, o Retorno* (*Batman Returns*, 1992), de Tim Burton. O roteirista Daniel Waters mencionou que tinha o ator alemão em mente quando inventou o personagem, que não havia aparecido antes em nenhuma história do Batman.

ALBIN GRAU

Após a falência da Prana-Film, Grau fundou outra produtora de curta duração, a Pet; a nova equipe fez apenas um filme, *Sombras* (*Schatten – Eine nächtliche Halluzination*, 1923), um experimento interessante que utilizava as sombras dos atores para expressar os sentimentos internos dos personagens. A partir de 1925, ele se afastou por completo da produção de filmes e se dedicou às suas obsessões ocultistas. Ao se juntar à *Fraternitas Saturni* (ver Capítulo 2), ele frequentemente escrevia e produzia ilustrações para o jornal *Gnosis*, incluindo retratos de Cornelius Agrippa, Éliphas Lévi e Paracelso. Quando a *Fraternitas* foi declarada ilegal pelos nazistas em 1936, mesmo destino de outros grupos ocultistas, Grau buscou refúgio na Suíça. Não há evidências para a história contada repetidas vezes de que ele havia morrido em um campo de concentração; na realidade, ele retornou para a Alemanha após a guerra e se estabeleceu em Bayrischzell, na Alta Baviera. Seu falecimento ocorreu em 1971.

HENRIK GALEEN

Em 1928, Galeen mudou-se para o Reino Unido, onde dirigiu um longa-metragem — *Die Siegerin* (*O Vencedor*, 1929). Ele retornou à Alemanha por um breve período em 1931 para realizar seu último filme: *Salon Dora Green* (*O Salão de Dora Green*). Em 1933, exilou-se na Suécia e depois se mudou para o Reino Unido e, por fim, para os Estados Unidos, ondefaleceu em 1949.

ALEXANDER GRANACH

Granach foi um dos muitos talentosos judeus alemães que escapou do regime nazista e imigrou para os Estados Unidos, onde alcançou uma carreira gratificante nos palcos de Nova York e em filmes de Hollywood. Seu papel mais memorável é o do inspetor de polícia nazista Gruber em *Os Carrascos Também Morrem!* (*Hangmen Also Die!*, 1943), de Fritz Lang, roteirizado por Bertolt Brecht.

GUSTAV VON WANGENHEIM

Um socialista comprometido com a causa, von Wangenheim também fugiu em 1933 para a União Soviética. Em 1945, retornou à sua terra natal e se tornou o diretor da Deutsche Schauspielhaus na Berlim Oriental.

F. A. WAGNER

F. A. Wagner teve uma carreira cinematográfica notável, trabalhando em mais de 140 filmes. Além de sua colaboração em Nosferatu, ele é lembrado em especial por quatro filmes realizados ao final dos anos 1920 e início dos 1930: *M, O Vampiro de Dusseldorf* (*M – Eine Stadt sucht einen Mörder*, 1931) e *O Testamento do Dr. Mabuse* (*Das Testament des Dr. Mabuse*, 1933), ambos dirigidos por Fritz Lang, e *Diário de Uma Garota Perdida* (*Tagebuch einer Verlorenen*, 1929) e *A Ópera dos Pobres* (*Die 3 Groschen-Oper*, 1931), dirigidos por G. W. Pabst. Ele faleceu em 1958.

O FILME

O REMAKE

Nosferatu – O Vampiro da Noite (*Nosferatu, Phantom der Nacht*, 1979), escrito, produzido e dirigido por Werner Herzog, é um remake cuidadoso e instigante do filme de Murnau. Uma das mudanças mais significativas de Herzog foi restaurar os nomes de Stoker a seus personagens principais: Drácula (interpretado por Klaus Kinski, com uma maquiagem que remete aos designs de Grau para Schreck/a figura de Orlok, embora seu nariz seja menos exagerado), Lucy (Isabelle Adjani), Jonathan Harker (Bruno Ganz), professor Van Helsing (Walter Ladengast), Mina (Martje Grohmann, também conhecida como Frau Herzog) e Renfield (Roland Topor). Contudo, os personagens de Lucy e Mina foram invertidos, fazendo com que Lucy se tornasse a esposa de Harker.

A despeito dos talentos excepcionais de Bruno Ganz e dos outros membros do elenco, o filme de Herzog, como o original de Murnau, tende a apresentar algumas atuações fracas, embora o estilo de atuação

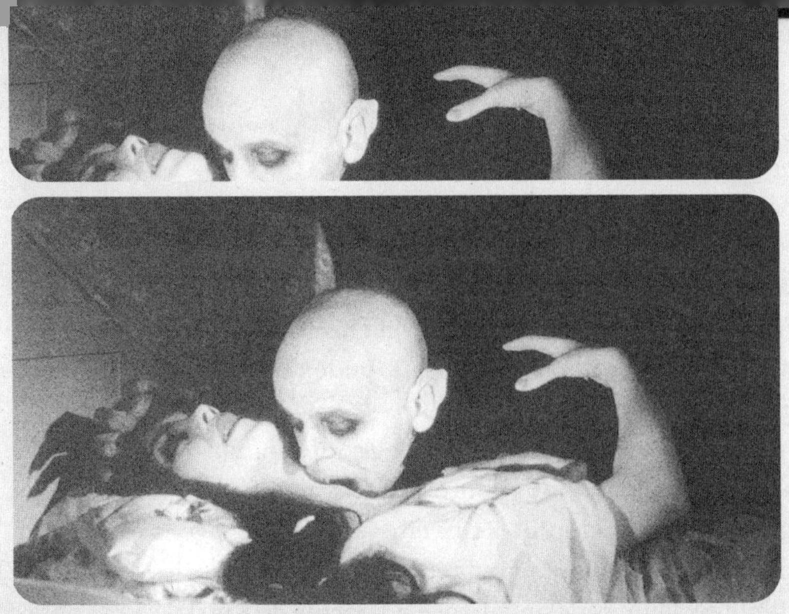

O Nosferatu de Herzog

no remake pese para o lado da contenção em vez do excesso — exceto pelo Renfield de Topor, cuja risadinha maníaca leva o personagem para a comédia desmedida. (Baixo, atarracado e espalhafatoso, ele se parece mais com o Sapo, de *O Vento nos Salgueiros*, do que com o sr. Knock). Herzog se manteve fiel à trama de Murnau na maior parte do filme. No entanto, certamente inspirado no final de *A Dança dos Vampiros,* de Polanski, Harker se transforma em vampiro. Nas cenas finais, ele é visto cavalgando para longe em uma paisagem sombria, sob nuvens tempestuosas, para espalhar a maldição de Drácula ao redor do mundo.

Herzog também introduziu variações que enriquecem o filme de formas novas e intrigantes. Ele retoma elementos do romance de Stoker, como a vulnerabilidade de vampiros a símbolos sagrados — em certo ponto, o vampirizado Harker fica encurralado em um canto por uma linha de hóstias espalhadas no chão. Ele alude a *Fausto* de Goethe ao fazer Drácula ser chamado de “O Mestre dos Ratos”. Em um acréscimo criativo ao trabalho de Murnau, ele mostra as amaldiçoadas pessoas da cidade entregues a divertimentos macabros, banqueteando-se e dançando na praça. A breve visita de Harker ao castelo de Drácula é transformada em uma longa e visualmente rica jornada a pé, embalada pelo prelúdio de *O Ouro do Reno* (*Das Rheingold*, 1869), de Wagner. Como S. S. Prawer explicou, essa *Fussreise*, ou "jornada a pé", está enraizada na cultura alemã e remonta à Idade Média. O próprio Herzog fez um *Fussreise* memorável em 1974, atravessando a pé a paisagem invernal da Alemanha à Paris, onde Lotte Eisner, defensora de Murnau, estava acamada doente.

De modo geral, a abordagem de Herzog se aprofunda no romantismo inato da narrativa em todos os pontos. Graças ao uso da cor — o diretor de fotografia foi Jörg Schmidt-Reitwein —, as homenagens de Herzog a Caspar David Friedrich são ainda mais precisas que as de Murnau. O tom do filme é solene e melancólico, e o Drácula de Kinski é apresentado de forma mais simpática que o Orlok de Schreck; a maquiagem, exceto pelas presas de roedor e orelhas pontudas, é menos agressiva que a de Murnau, de modo que as feições de Kinski são mais expressivas e humanas. Isabelle Adjani, de uma beleza sobrenatural, atravessa o filme em vestidos brancos esvoaçantes; é difícil acreditar que Herzog não estivesse invocando as obras dos Pré-Rafaelitas (por exemplo, "O Despertar da Consciência" ["The Awakening Conscience"] de Holman Hunt, de 1852, ou o "Beata Beatriz" de Dante Gabriel Rossetti, em torno de 1863). Uma tomada de Ganz parece fazer alusão direta a um famoso retrato de Beethoven, feito em 1823 por Georg Waldmüller, um dos principais artistas da Áustria do período Biedermeier. Mesmo sem conhecimento prévio da admiração de Herzog por Murnau, a profundidade e a seriedade de sua homenagem são evidentes no filme.

O FILME BIOGRÁFICO

A Sombra do Vampiro, escrito por Steven Katz e dirigido por E. Elias Merhige (nascido em 1964), mescla humor ácido, drama de bastidores e elementos típicos de filmes de terror de maneira inteligente e perspicaz. A premissa é simples: Murnau (interpretado por John Malkovich) estava tão obcecado com autenticidade que contratou um vampiro de verdade, Max Schreck (Willem Dafoe), para assumir o papel principal. Em troca de sua participação no filme, Schreck/Orlok receberia a permissão de consumir a vida da atriz principal. Essa ideia peculiar, que sugere que Schreck poderia ser de fato o vampiro que interpretou, foi anteriormente mencionada por Ado Kyrou em *Le Surréalisme au cinéma* (O Surrealismo no Cinema, 1953): "No papel do vampiro, os créditos citam Max Schreck, o ator de casa de espetáculos [*sic*], mas é de amplo conhecimento que essa atribuição é um disfarce deliberado... quem se esconde por trás do personagem de Nosferatu? Talvez o próprio Nosferatu?".[78]

O elenco inclui também Udo Kier, veterano de incontáveis filmes de horror de baixo orçamento, no papel de Albin Grau; a comediante inglesa Suzy Eddie Izzard como Gustav von Wangenheim; Catherine McCormack como Greta Schröder e Cary Elwes como Wagner, o cineasta. Um dos detalhes peculiares do filme é como a equipe, vestida em longos jalecos brancos e óculos escuros de proteção para luzes e vapores venenosos, mais se assemelha a cientistas em um laboratório do que a profissionais de cinema, enfatizando o aspecto experimental e meticuloso da produção. Além disso, sempre se dirigiam a Murnau de forma respeitosa como "Doutor"; e, em vez dos tradicionais comandos de "ação!" e "corta!", Murnau dizia "começa!" e "termina!".

Embora seu tema fundamental seja sério — em suma, representa Murnau como um artista do tipo faustiano, disposto a mentir, oprimir e maquinar e no final encorajar múltiplos assassinatos em busca de sua visão — a maioria das cenas é repleta de humor e ironia. Boa parte delas se baseia na incapacidade do elenco e da equipe em reconhecerem Schreck como sendo outra coisa além do mais dedicado ator que eles já conheceram, um que jamais sai do personagem. (Murnau lhes explicou que ele treinou na Rússia — uma referência a Stanislavski e seus discípulos). Outras derivam da inabilidade de Schreck em se comportar adequadamente e não sugar o sangue dos seus colegas; e do seu crescente prazer em seu novo papel como uma estrela temperamental do cinema — uma "rainha do drama". A atuação de Dafoe é deliciosamente exagerada, embora ele também capture algo da melancolia vista no Drácula de Klaus Kinski: consumido pela pálida imortalidade, ele lê para si mesmo o poema "Tithonus", de Tennyson, deleitando-se na autocomiseração.

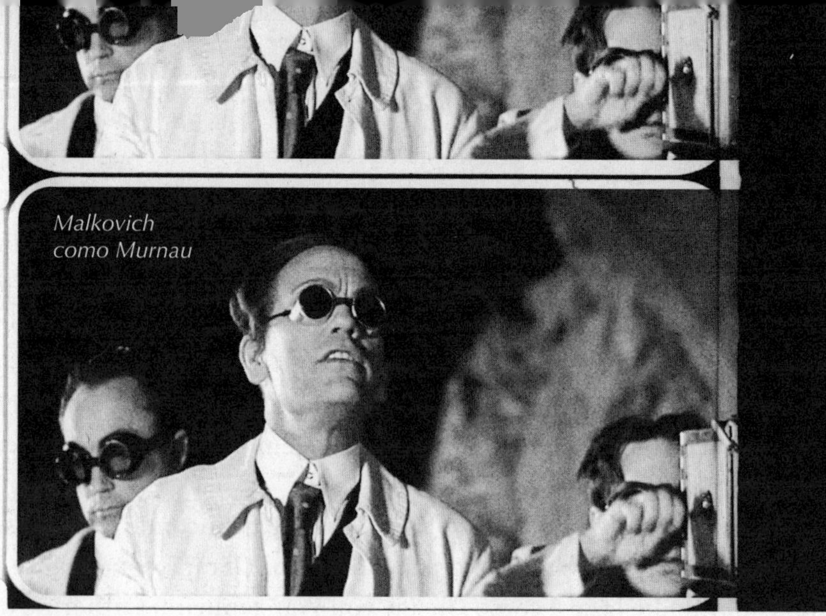

Malkovich como Murnau

Como Merhige explica em seu comentário na edição em DVD, *A Sombra do Vampiro* também retoma alguns dos temas de *Nosferatu* e *Drácula*. Em uma abordagem mais aproximada a Stoker do que a Murnau, Merhige enfatiza de forma constante o embate entre o moderno (a equipe de filmagem e suas geringonças, incluindo aviões) e o antigo, evidenciando pela divisão entre cidade e campo. Merhige — que possui interesse profundo na história do ocultismo e vasto conhecimento sobre Grau — intensifica a metáfora do cinema como uma forma de vampirismo, e vice-versa, sugestão presente apenas em Murnau. Embora sua representação de Murnau seja tão fantasiosa quanto a de Schreck, o filme merece ser visto como um sugestivo comentário crítico a *Nosferatu*, assim como uma fantasia bem resolvida e divertida por mérito próprio.

O ROMANCE

Trecho de *Nosferatu In Love* (Nosferatu Apaixonado) de Jim Shepard (1998):

> Foi Grau quem abordou Murnau com a ideia para *Nosferatu*. Murnau o incentivou a prosseguir com a tentativa de arrecadar dinheiro para financiar o projeto. A ideia daquela criatura das trevas — de 21 ou 22 anos, pernas de besouro, face alongada, com as mãos de um animal arbóreo — como um produtor de cinema bem-sucedido o chocou.[79]

Suzy Eddie Izzard como Gustav von Wangenheim (Hutter), Willem Dafoe como Max Schreck (Orlok)

O romance de Shepard — ambicioso e de impressionante erudição — apresenta análises perspicazes sobre *Nosferatu*. Alternando entre uma voz narrativa onisciente tradicional e a voz fictícia do próprio Murnau, ele explora na vida do diretor em diversos pontos: em 1907, quando está prestes a começar seus estudos na Charlottenburg, em Berlim; em 1907, quando ingressa à companhia de Reinhardt; em 1917, alocado em Verdun; em 1921, durante os preparativos para *Nosferatu*; em 1924, trabalhando em *A Última Gargalhada*; em 1929, nos Mares do Sul; depois um flashback até Riga, em 1915; e então o acidente de carro em 1931.

No entanto, a seção central do livro diz respeito às filmagens de *Nosferatu*, apresentada como se fosse o diário de produção de Murnau:

> Jornadas diárias de doze horas. A maioria de nós luta contra a insolação causada pelos holofotes. A equipe esfrega raspas de batata em suas faces para combater as queimaduras. Nosferatu surge das sombras do arco de entrada do castelo para cumprimentar Hutter. Wagner sugere usarmos acendedores de magnésio nos holofotes para incrementar o efeito da luz do luar. Repetimos a cena tomada após tomada. Schreck transpira e sofre sob a maquiagem, sua testa parece ter sido envernizada.[80]

Muitos dos detalhes dessa seção — assim como o livro todo — estão solidamente embasados em material biográfico reconhecido com facilidade por qualquer um que tenha investigado a vida de Murnau. De fato, a base de seu argumento é tão sólida que os devaneios mais especulativos de Shepard soam tão convincentes quanto as passagens retiradas de registros históricos. A partir da aparente opinião de que a sexualidade de Murnau foi um fator de suma importância para sua arte, Shepard traça um retrato convincente dos jovens Wilhelm e Hans como amantes (algo certamente verídico), sugerindo que a perda de Hans continuou sendo uma ferida permanente para Wilhelm (provavelmente verdadeiro), e que sua queda na Suíça durante a guerra foi um ato deliberado de deserção (possivelmente correto).

Na voz de Murnau, Shepard oferece um conjunto de vislumbres fascinantes e plausíveis sobre o modo como os pensamentos do diretor podem ter evoluído no decorrer da filmagem:

> PARA a chegada do vampiro: ausência de movimento torna o olho impaciente. *Usar essa impaciência.*[81]

> Uma discussão nasce do nosso entusiasmo. Polaridades infinitas — oeste e leste, bem e mal, civilização e selvageria, razão e paixão, sendo o corpo da mulher o campo de batalha para todos esses aspectos. A obsessão não reside tanto nas polaridades quanto nas zonas entre elas — a possibilidade de que não sejam opostas. Daí as conexões entre Hutter e Nosferatu, Ellen e Nosferatu.[82]

> A beleza do filme não estará nas imagens (como um cartão-postal), mas nas qualidades inefáveis que essas imagens emanam.[83]

E mais:

> Nós evocamos o supersticioso mundo pré-industrial, criando uma ilusão que permite ao espectador esquecer-se da base técnica do filme.[84]

A ÓPERA

O compositor norte-americano Alva Henderson colaborou com o renomado poeta Dana Gioia, também norte-americano, em uma ópera completa (cerca de duas horas e meia) de *Nosferatu*. A estreia mundial ocorreu em 2004, realizada pela Rimrock Opera Company e conduzida por Barbara Day Turner; uma gravação ao vivo foi lançada em CD em 2005 (Albany Records, EUA).

Dana Gioia comentou a respeito:

> Fiquei impressionado com a semelhança do filme com a ópera *bel canto*, como *Lucia di Lammermoor* ou *I Puritani*. Ela retrata uma mulher forte e sensível, encurralada por circunstâncias trágicas fora do seu controle. Também me ocorreu que não existia uma grande ópera sobre vampiros. Embora o vampiro seja um dos grandes mitos românticos, e a ópera a maior de todas as formas de arte romântica, os dois nunca haviam sido combinados.[85]

Os personagens e elenco foram:

Ellen Hutter — Susan Gundunas
Eric Hutter — Robert McPherson
Conde Orlok — Douglas Nagel
Heinrich Skuller — Dennis Rupp
Marthe Link — Karen Carle
Dr. Franz Harding — Jan Michael Kliewer

A música de Henderson é exuberante e tradicional, ecoando as óperas do final do século XIX. Os versos de Gioia também são tradicionais e, por vezes, memoráveis. Do ponto de vista poético, o ápice da ópera é um "Noturno" para Nosferatu:

> Eu sou a imagem que escurece a sua taça,
> A sombra que cai sempre que você passa.
> Eu sou a face que você nunca esqueceu,
> O rosto lembrado por quem nunca me conheceu.

OUTRAS VARIAÇÕES DO TEMA

Nosferatu — ou, pelo menos, a imagem de Schreck como Nosferatu — está tão profundamente enraizada na cultura popular que seria uma tarefa interminável (e sem sentido) rastrear todas as referências. O filme inspirou, dentre outros fenômenos, o jogo "Vampiro: A Máscara", que inclui um "Clã do Vampiro Nosferatu"; a revista em quadrinhos *Batman: Nosferatu*; a banda de rock Nosferatu; o Nosferatu "palpiteiro" de Paul Whitehouse — também conhecido como "Monstro, Monstro, Monstro" — em *The Fast Show*. O vampiro chegou a se infiltrar na programação infantil: um episódio de *Bob Esponja*, chamado "Turno Macabro", mostra um Nosferatu pregando peças com jogos de luzes. Os cartunistas inverteram sua carranca emburrada, tornando-o uma figura familiar e alegre.

A banda de rock Blue Öyster Cult, que ganhou destaque na década de 1970, escreveu uma canção bastante conhecida sobre Nosferatu em seu álbum *Spectres*. A letra é fiel à narrativa:

> Verso:
> O navio sem fazer barulho atracou
> O fiel capitão há muito esfriou
> Ele manteve seu diário por toda a sangrenta saga
> Em sua última entrada se lê: "Ratos no porão.
> Morta está minha tripulação — temo a praga".
>
> Refrão:
> Apenas uma mulher pode romper o feitiço
> Pura de coração oferecendo-se em sacrifício...

No entanto, o legado de Nosferatu segue vivo em meios mais tradicionais também. *Nosferatu*, uma peça polonesa produzida em uma colaboração entre TR Warszawa e Teatr Narodowy, dirigida por Grzegorz Jarzyna, foi apresentada em Londres no Barbican de outubro a novembro de 2012 — recebendo críticas bastante negativas. Exatamente na mesma época, em 28 de outubro de 2012, a BBC Radio 3 transmitiu *The Midnight Cry*

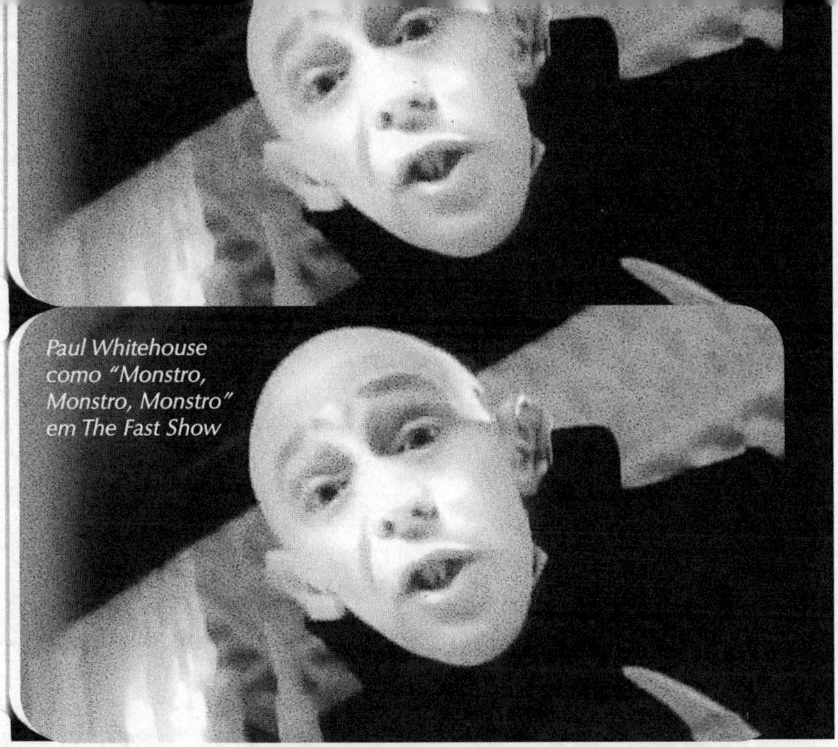

Paul Whitehouse como "Monstro, Monstro, Monstro" em *The Fast Show*

of the Deathbird (*Lamento da Meia-Noite do Pássaro da Morte*) da poeta e dramaturga inglesa Amanda Dalton, dirigida por Susan Roberts. O título da peça foi inspirado na frase ao final do filme:

> Testemunhe o milagre nos calcanhares da verdade: naquela mesma hora, a grande morte chegou ao fim e como se confrontada pela radiância vitoriosa do sol vivo, a sombra do Pássaro da Morte foi dispersada.

O personagem central da peça é Frau Hutter.

No ano seguinte, o Musée d'Orsay em Paris inaugurou uma exposição importante intitulada "The Angel of the Odd: Dark Romanticism from Goya to Max Ernst" ("O Anjo da Estranheza: Romantismo Sombrio de Goya a Max Ernst"), com a curadoria do historiador de arte Felix Kramer, entre outros. A primeira obra a recepcionar os visitantes era uma exibição nas telas de — nada mais nada menos que — *Nosferatu*.

O pássaro da morte ainda voa.

BIBLIOGRAFIA

LIVROS

ASHBURY, Roy. *Nosferatu*. Londres: Longman :York Press, 2001.

BALÁZS, Béla. "Merveilles et Fantômes". In: *L'Homme visible ou la civilisation du cinéma*. Paris, 1924.

BLIN, Roger. "Murnau: Ses Films". In : *La Revue du cinéma.* N. 25, julho de 1931, p. 24–34.

BOUVIER, Michel; LEUTRAT, J.-L. *Nosferatu*. Paris: Gallimard, 1981.

BRAKHAGE, Stan. "F. W. Murnau". In: *Film Biographies: Stan Brakhage.* Berkeley, Califórnia: Turtle Island, 1977, p. 244–70.

BRETON, André. "De Chirico", *La Révolution Surréaliste*. Vol. II, n. 7, 15 de junho de 1926, p. 4.

_____. *Les Vases communicants*. Paris: Gallimard, 1955. Edição norte-americana: *Communicating Vessels.* Trad. de Mary Anne Caws e Geoffrey T. Harris. Lincoln: University of Nebraska Press, 1990.

BRUNIUS, Jacques B., "Dans L'ombre ou les regards se nouent". In: *Minotaur*, n. 11, Paris, 1938, p. 38–42.

COATES, Paul. *The Gorgon's Gaze: German Cinema, Expressionism, and the Image of Horror* Cambridge: Cambridge University Press, 1991.

COLLIER, Jo Leslie. *From Wagner to Murnau: The Transposition of Romanticism from Stage to Screen*. Ann Arbor: University of Michigan Press, 1988.

CRONIN, Paul (ed.), *Herzog on Herzog*. Londres: Faber, 2002.

DALLE VACCHE, Angela. *Cinema and Painting: How Art is Used in Film*. Austin: University of Texas Press, 1996.

DESNOS, Robert. *Les Rayons et les ombres: cinéma.* Paris, 1922.

DOMAMARCHI, Jean. "Presence de F. W. Murnau". In : *Cahiers du cinéma*, n. 21, março de 1953, p. 3–11.

EISNER, Lotte. *The Haunted Screen: Expressionism in the German Cinema and the Influence of Max Reinhardt*. Trad. Roger Greaves de *L'Écran Démoniaque*. Paris: Le Terrain Vague, 1952, ed. rev. 1965; Berkeley: University of California Press, 1973. Edição brasileira: *A Tela Demoníaca: As influências de Max Reinhardt e do Expressionismo*. Trad. Lúcia Nagib. Editora Paz e Terra, 2007.

_____. *Murnau*. Trad. da primeira edição francesa, 1964. Londres: Secker & Warburg, 1973.

ELSAESSER, Thomas. "Six Degrees of *Nosferatu*" . In: *Sight & Sound*. Fevereiro de 2001; rev. como "No End To *Nosferatu*", em 2007, no encarte do DVD Masters of Cinema: *Nosferatu*.

EXERTIER, Sylvain. "F. W. Murnau: La Lettre oubliée de *Nosferatu*". In : *Positif*, n. 228. 1980, p. 47–51.

FREUD, Sigmund. *The Uncanny*; trad. de *Das Unheimliche*. 1919. Trad. David McLintock. Londres: Penguin Modern Classics, 2003. Edição brasileira: "O Inquietante (1919)". *In: Obras Completas*. Volume 14. História de uma Neurose Infantil ("O Homem Dos Lobos"), Além do Princípio do Prazer e Outros Textos (1917-1920). Trad. Paulo César de Souza. São Paulo: Cia. das Letras, p. 247-283.

GIDE, André. *Journal 1889-1939*. Paris: Bibliothèque de la Pleiade, 1940.

GIOIA, Dana. *Nosferatu: An Opera Libretto*. Saint Paul, MN: Greywolf Press, 2001.

GRAU, Albin. "Vampires"; originalmente em *Bühne und Film*, n. 21, 1921; trad. de Craig Keller e publicado no encarte para o DVD Masters of Cinema: *Nosferatu,* 2007.

HAMMOND, Paul (ed.). *The Shadow and its Shadow: Surrealist Writings on Cinema.* Londres: BFI, 1978.

HERZOG, Werner. *Of Walking in Ice*. Trad. de *Von Gehen in Eis* (1978) por Marje Herzog e Alan Greeberg. Londres: Cape, 1991.

HODIN, Claude. *Murnau ou les Aventures de la pureté*. Paris: L'Harmattan, 2012.

JAMEUX, Charles. *Murnau*. Paris: Éditions Universitaires, 1965.

KEROUAC, Jack. "Nosferatu (Dracula)". In: *Good Blonde & Others*. Ed. Donald Allen. São Francisco: Grey Fox Press, 2001 [1993], p. 119–24; escrito originalmente para o New Yorker Movie Series Notes, Inverno de 1960–1.

_____. *Doctor Sax: Faust Part Three*. Escrito em 1959, publicado pela primeira vez no Reino Unido em 1977. Londres: Flamingo Modern Classics, 2001.

KRACAUER, Siegfried. *From Caligari to Hitler: A Psychological History of the German Film*. Princeton, NJ: Princeton University Press, 1947.

KYROU, Ado. *Le Surréalisme au cinéma*. Paris: Le Terrain Vague, 1963, rev. da ed. de 1953.

LEUTRAT, J.-L. "*Nosferatu*". In: *Positif*, n. 428. 1996, p. 73–6.

MCGILLIGAN, Patrick. *Fritz Lang: The Nature of the Beast*. Londres: Faber, 1997.

NEZVAL, Vítězslav. *Valerie and Her Week of Wonders*. Trad. David Short. Praga: Twisted Spoon Press, 2005.

PEREZ, Guillermo Gilberto. "Shadow and Substance: Murnau's *Nosferatu*". In: *Sight & Sound*, vol. 36, n. 3, Verão de 1967, p. 150–3.

_____. "F. W. Murnau: An Introduction". In: *Film Comment* vol. 7 no. 2, 1971, p. 13-15.

_____. "The Deadly Space Between". In: *The Material Ghost: Films and Their Medium*. Baltimore: Johns Hopkins University Press, 1998; reimpresso no encarte para o DVD Masters of Cinema, 2007.

PIRIE, David. *The Vampire Cinema*. Londres: Quarto, 1977.

PRAWER, S. S. *Nosferatu, Phantom der Nacht*. Londres: BFI, 2004.

ROTTELAR, Manuel. *F. W. Murnau: Nosferatu*. Zaragossa: Cine Club, 1950.

SHEPARD, Jim. *Nosferatu in Love*. Londres: Faber, 1998.

SKAL, David J. *Hollywood Gothic: The Tangled Web of Dracula From Novel to Stage to Screen*. Nova York: Norton, 1990.

STOKER, Bram. *Dracula*. Primeira publicação em 1897; Harmondsworth, edição da Penguin Classics, ed. Maurice Hindle, 1993.

SYMONDS, John. *The Great Beast: The Life and Magick of Aleister Crowley*. Londres: Mayflower, 1973.

WOOD, Robin. "Murnau's Midnight and Sunrise". In: *Film Comment*, vol. 12, n. 3. Maio/junho 1976, p. 4-9.

______. "Burying the Undead: The Use and Obsolescence of Count Dracula". In: *Mosaic*, vol. 16, n. 1-2, 1983, p. 175-87.

COMENTÁRIOS ORAIS

FRAYLING, Christopher. Comentário para a edição do DVD BFI de *Nosferatu*.

MERHIGE, E. Elias. Comentário no DVD de *A Sombra do Vampiro*.

SMITH, R. Dixon e STEVENS, Brad. Comentário para a edição do DVD Masters of Cinema: *Nosferatu*.

SINFONIA DAS SOMBRAS

NOSFERATU

NOTAS

1. A qualificadora "importante" de Kael é, em si, importante. Muitas fontes de referência declaram *Nosferatu* como o primeiro filme de vampiro; na verdade, houve cerca de duas dúzias de filmes seja contendo ou se referindo a questões vampíricas. Alguns deles têm pouco, quando não zero, conteúdo sobrenatural: *Vampires of the Coast* (Vampiros da Costa, 1909), *The Vampire* (O Vampiro, 1911), *La Torre dei Vampiri* (A Torre do Vampiro, (Itália, 1913), *The Vampire's Clutch* (Sob As Garras do Vampiro, 1914), *Vampires of the Night* (Vampiros da Noite, 1914), *Trapped by a Vampire* (Encurralado Por Um Vampiro, 1914), *A Village Vampire* (A Vila dos Vampiros, 1916)... A maioria deles usa a palavra "vampiro" no sentido de "vamp", uma mulher sedutora e destrutiva, do tipo tornado famoso por Theda Bara. Porém, um dos mais antigos curtas de Méliès, *O Solar do Diabo* (*Le Manoir du Diable*, 1896), exibe um morcego se metamorfoseando em uma criatura semelhante a um vampiro, interpretada pelo próprio diretor. Houve diversos outros vampiros autênticos em filmes feitos ao redor do mundo nos anos anteriores à película de Murnau, incluindo (segundo algumas fontes) uma produção russa perdida, *Tajna doma nomer 5* (O Segredo da Casa Número 5, 1912) e uma produção húngara, *Drakula* (também conhecida como *Drakula Halála* [A Morte de Drácula]; dirigida por Károly Lajthay, e com fotografia de Lajos Glasser, em 1921). Este último filme está hoje perdido, porém, um conjunto de fotogramas sobreviveu; a história, que tem pouco a ver com Stoker, aborda uma garota em um asilo para lunáticos perseguida por um homem que acredita ser o conde imortal.

2. Citado em Prawer, *Nosferatu*, p. 49.

3. Dalle Vacche, *Cinema and Painting*, p. 161.

4. Citado em Ashbury, *Nosferatu*, p. 59.

5. Perez, "The Deadly Space Between", p. 28.

6. Eisner, *The Haunted Screen*, p. 97.

7. Cronin, *Herzog on Herzog*, p.152.

8. Brakhage, "F. W. Murnau", p. 246.

9. Citado em Eisner, *Murnau*, p. 86.

10. Elsaesser, "No End to Nosferatu", p. 13. Nem todos os admiradores de Murnau são necessariamente admiradores de *Nosferatu*. Em enquetes sobre seus "melhores filmes", com frequência os mais votados são *Aurora* ou *A Última Gargalhada*, ou até mesmo *Tabu*.

11. *Film Society Programmes*, 16 de dezembro de 1928.

12. Muitos críticos fizeram essa inevitável comparação.

13. Kracauer, *From Caligari to Hitler*, p. 107.

14. Eisner, *The Haunted Screen*, p. 100.

15. Balázs, em *Der sichtbare Mensch* (O Homem Visível, 1924), p. 108.

16. Duas das mais importantes figuras na complexa história das diversas restaurações de *Nosferatu* são Kevin Brownlow e Luciano Berriatúa: este livro recorre à restauração de Berriatúa, conforme editada no DVD Masters of Cinema (Eureka, 2007). Um dos melhores e mais detalhados relatos do histórico da restauração é do site *Nosferatu: A Filmarcheology*, um produto de "Celtoslavika".

17. Até as cópias recentes restaurarem a convenção de tonalizar de azul as cenas ocorridas em período noturno, a morte de Orlok devido à luz do sol causava perplexidade: com certeza já havíamos visto o personagem perambulando à luz do dia bastante ileso.

18. O muito lido ou, pelo menos, muito citado ensaio de Freud a respeito do tema tem sido frequentemente empregado em reflexões sobre o filme. Até onde sei, o crítico Hugh Haughton foi o primeiro a divagar sobre o fato de que o ensaio, publicado em 1919, foi um produto do mesmo período problemático posterior ao armistício, como é o caso do filme de Murnau. [Ver Haughton em Freud, *The Uncanny* (*O Estranho*).] Murnau foi um leitor voraz desde o começo da infância; é perfeitamente possível que ele conhecesse o pertinente trabalho de Freud.

19. Ver Stan Brakhage, *Film Biographies*, p. 244-70. Este ensaio pode ser descrito, de forma caridosa, como "imaginativo" e certamente deveria ser tratado com precaução por qualquer pessoa interessada em fatos em vez de lendas urbanas. Brakhage parece ser a origem do mito urbano, propagado por Kenneth Anger em *Hollywood Babylon* (A Babilônia de Hollywood), de que a morte de Murnau em um acidente de carro tenha sido causada por um ato excessivamente entusiasmado de felação em seu jovem motorista.

20. Ver Capítulo 6.

21. Em um ensaio não publicado, gentilmente enviado a mim em 1 de maio de 2013.

22. Eisner, *The Haunted Screen*, p. 9.

23. Eisner, *Murnau*, p. 23.

24. *Ibid.*, p. 14.

25. *Ibid.*, p. 18.

26. *Ibid.*

27. *Ibid.*, p. 19-20.

28. *Ibid.*, p. 61.

29. Symonds, *The Great Beast*, p. 397.

30. Roteiro publicado em Eisner, *Murnau*, p. 227–72. Os excertos a seguir são das páginas 250 e 256, respectivamente.

31. Do documentário *Language of the Shadows* (Linguagem das Sombras), incluído na embalagem de *Nosferatu* do DVD Eureka! Masters of Cinema.

32. Meu agradecimento aqui ao Diretor de Fotografia Spike Geilinger, que foi gentil o bastante para discutir sobre essas lentes comigo em considerável extensão.

33. Artigo em *Bühne und Film* n. 21, traduzido por Craig Keller para o DVD Masters of Cinema.

34. *Ibid.*

35. Ver, dentre outros artigos, "La lettre oubliée de nosferatu", por Sylvain Exertier em *Positif*, março de 1980, p. 47–51.

36. Eisner, *Murnau*, p. 59.

37. *Ibid.*, p. 61, 68.

38. *Ibid.*, p. 69–70.

39. Ver *"La musique de la 'fête de Nosferatu'"*, por Berndt Heller em *La Cinémathèque Française* n. 15, novembro de 1986.

40. Eisner, *Murnau*, p. 86. Eisner se referiu a três filmes posteriores: *A Última Gargalhada*, *Fausto* e *Aurora*; mas o princípio também se aplica aos filmes mais antigos.

41. Citado em *ibid.*, p. 79.

42. *Ibid.*, p. 86.

43. Eisner, *The Haunted Screen*, p. 102.

44. Nezval, *Valerie and Her Week of Wonders*.

45. Dalle Vacche, *Cinema and Painting*.

46. Murnau havia anteriormente filmado uma versão da história de Jekyll e Hyde, *A Cabeça de Janus* (*Der Januskopf*, 1920), e o tema do "duplo" foi bastante comum no cinema da era Weimar: quatro anos após o lançamento de *Nosferatu*, Henrik Galeen dirigiu e corroteirizou um dos mais famosos, *O Estudante de Praga* (*Der Student von Prag*, 1926).

47. Elsaesser, "No End to *Nosferatu*", p. 7.

48. Incluindo Brad Stevens e R. Dixon Smith em seus valiosos comentários no DVD Masters of Cinema.

49. Fato descoberto por Kevin Brownlow e relatado a mim por Christopher Frayling.

50. Ver Blin, "Murnau: Ses Films", em *Revue du cinéma*, 25 de julho de 1931, p. 24–34.

51. Em seu comentário para o DVD BFI do filme.

52. Kerouac, "*Nosferatu* (Drácula)", p. 20.

53. Não consta um editor nos créditos. Presume-se que Murnau tenha tido um assistente, ou uma equipe de assistentes, mas parece ter estado ainda mais no controle do processo do que a maioria dos diretores da época.

54. Em geral, pressupõe-se que Stoker estivesse pensando no mito de Perséfone, filha de Deméter.

55. Prawer, *Nosferatu*, p. 54.

56. O dedo de Grau é outra vez evidente aqui. Em anos posteriores, ele executaria um retrato de Paracelso para o diário *Saturn Gnosis*. O filósofo e crítico Claude Hodin discute a dimensão paracelsiana de *Nosferatu* em um longo apêndice em seu estudo *Murnau ou les Aventures de la pureté*, p. 189–200. Um de seus tópicos é a analogia, bastante sugestiva, entre magia e produção cinematográfica.

57. Dalle Vacche observa que esse tipo de composição é conhecido por artistas e historiadores de arte alemães como um *Rückenfigur*; Caspar David Friedrich alcançou excelência na forma — ver o seu "Monge à Beira do Mar" de 1809–10, o qual inspirou um ensaio escrito por Kleist.

58. Como um outrora equitador, posso confirmar que a maioria dos cavaleiros desmonta em bosques densos.

59. Comentário no DVD BFI *Nosferatu*.

60. *Frankfurter Allgemeine Zeitung*, 22 de fevereiro de 2003; citado em Prawer, *Nosferatu*, p. 49.

61. Kerouac descreveu isso como "uma cena de amor horrivelmente pervertida sem paralelo por sua súbita revelação patética da essencial inutilidade do vampiro". "*Nosferatu* (Drácula)", p. 121.

62. Gide, *Journals*, p. 872–3.

63. *Ibid.*

64. N. 79, janeiro de 1958, "L'énigme des deux Nosferatus".

65. Breton, "De Chirico", p. 161.

66. Breton, *Communicating Vessels*, p. 25.

67. *Ibid.*

68. Citado em: <http://lespenseesimprobablesderaybanana.blogspot.co.uk/2001/11/la-beaute-convulsive.html>.

69. Legrand, *L'Age du cinéma* n. 4–5, agosto–novembro de 1951, p. 17–20; reimpresso em Hammond, *The Shadow and its Shadow*, p. 98–101.

70. Kyrou, *Le Surréalisme au cinema*, p. 63, ênfase do original.

71. *L'Age du cinéma* no. 4–5, agosto–novembro de 1951, p. 2.

72. Brooke, resenha do DVD de *Nosferatu* e de *Tabu*, 2007.

73. Citado em Skal, *Hollywood Gothic*, p. 101.

74. Conexão curiosa: Lugosi havia feito sua estreia nas telas em um dos filmes antigos de Murnau.

75. Skal, *Hollywood Gothic*, p. 161.

76. Eisner, *Murnau*, p. 186.

77. Citado em *ibid.*, p. 197.

78. Citado em Elsaesser, "No End to Nosferatu", p. 19.

79. Shepard, *Nosferatu in Love*, p. 82: como observado acima, Grau na verdade estava por volta de seus 30 anos em 1921.

80. *Ibid.*, p. 118.

81. *Ibid.*, p. 116.

82. *Ibid.*, p. 109.

83. *Ibid.*, p. 96.

84. *Ibid.*

85. Gioia, *Nosferatu*, p. 83.

DOSSIÊ DE VAMPIROS NO CINEMA

por **Daniel Bonesso**

"Monstros são reais e fantasmas também.
Eles vivem dentro de nós e, às vezes, eles vencem."

Stephen King

O que leva nossa espécie, há séculos, a criar um fascínio mórbido por uma criatura tão misteriosa, sedutora e sanguinária quanto o vampiro?

Claro, poderíamos estender a ideia de **fascínios mórbidos** que a raça humana possui para diversos outros focos também aterradores: imagens *gore*, histórias de *serial killers*, casos violentos de crimes reais e diversos outros "entretenimentos" que andam conosco desde que execuções e torturas eram atrações em praça pública para deleite do povo.

No entanto, para este dossiê, nosso foco será o vampiro. O conceito de uma criatura sobrenatural que, após morta, sai de seu túmulo e bebe sangue em busca de prolongar sua existência.

Desde os tempos mais remotos, diferentes culturas ao redor do mundo desenvolveram suas próprias versões dessas criaturas que retornam para atormentar os vivos e se alimentar de sua energia vital. Embora os nomes e as características variem — do **Jiangshi** na China, que suga a força vital das pessoas, ao **Strigoi** da Romênia, que se levanta do túmulo para beber sangue — o tema central permanece intacto.

A imagem moderna do vampiro começou a tomar forma no século XVI, como uma forma de explicar fatores relacionados ao processo de decomposição — como o crescimento das unhas e dos cabelos —, fenômenos pouco compreendidos na época.

No século XVIII, uma epidemia de **raiva** na Hungria e na Romênia deu origem a muitas das características que hoje associamos ao vampiro, como a aversão à luz solar e a odores mais intensos como o do alho, bem como o comportamento agressivo. Esses e outros sintomas característicos eram relacionados a fatores sobrenaturais, criando uma ligação entre vampirismo e raiva que permanece enraizada no imaginário coletivo.

Apesar de uma longa tradição folclórica, foi no século XX, com o advento do cinema, que o vampiro encontrou sua morada gótica e definitiva na **cultura popular**. Com mais de 750 filmes de vampiros, sendo Drácula o personagem mais representado no cinema (93 filmes próprios e mais de 200 aparições ao total), o vampiro se tornou uma figura recorrente nas grandes telas. *Nosferatu* (1922), embora não seja o primeiro filme de vampiro, foi o primeiro a estabelecer o vampiro como uma **força cinematográfica**, mesmo com os esforços para apagar a existência dessa obra.

Assim como nós, o vampiro evolui com o tempo, refletindo os medos e ansiedades de diferentes décadas. Em 1931, *Drácula*, estrelado por Bela Lugosi, trouxe à tona medos sobre a imigração do Leste Europeu, enquanto os filmes de vampiros dos anos 1950 refletiam o medo do comunismo. Na década de 1980, o aumento na produção de filmes de vampiros coincidiu com a epidemia da Aids, e, no novo milênio, vemos vampiros que já não temem o sol, representando a mudança nos medos e valores da sociedade moderna em que muitos perigos se revelam a luz do dia.

Nosferatu não foi apenas um marco inaugural no cinema de vampiros, mas também estabeleceu muitos dos elementos que se tornariam icônicos no gênero conforme veremos a seguir. Este dossiê se propõe a ser um humilde recorte dessa seara tão prolífica. Nas próximas páginas, vamos explorar como a figura do vampiro evoluiu no cinema, desde *Nosferatu* até as interpretações modernas. Em cada filme, o vampiro reflete nossos temores mais profundos, mudando com o tempo para continuar nos assombrando e fascinando.

Por fim, gostaria de encerrar com o mesmo questionamento inicial:

O que leva nossa espécie, há séculos, a criar um fascínio mórbido por uma criatura tão misteriosa, sedutora e sanguinária quanto o vampiro? Talvez, o vampiro não tenha seu reflexo no espelho, pois ele é o espelho que reflete nós mesmos.

Daniel Bonesso
Agosto de 2024

DANIEL BONESSO é escritor, tradutor e roteirista. Graduado em Letras - Tradução/Interpretação pela UMESP, também possui extensão em Criação Literária pela PUC e em Gramática para Revisores pela Universidade do Livro. Atualmente, trabalha com o Steampunk de produção nacional em sua pesquisa de mestrado em Estudos Literários pela UFSM, sendo o curador da Exposição Presencial e Virtual Steampunk Brasileiro. É o autor de *Contos para Contar com Medo*, uma antologia publicada de maneira independente por meio de financiamento coletivo, além de participar de outras coletâneas como *O Lado Oculto do Castelo* (Editora Rocket, 2022) e *Acampamento Macabro* (Editora Alarde, 2023).

NOSFERATU
REGIE
F.W.MURNAU
Der neue Großfilm
der PRANA-FILM G.m.b.H.

Nosferatu

Ano: 1922
Título Original: *Nosferatu, Eine Symphonie des Grauens*
Diretor: F. W. Murnau
Elenco: Max Schreck, Greta Schroeder e Gustav von Wangenheim

Nosferatu pode não ser o primeiro filme de vampiro já feito, porém, é impossível negar o caráter inaugural da obra e sua importância para os filmes de vampiros. Sua própria existência nos dias de hoje é algo fenomenal, uma vez que beiramos a ilegalidade ao assistirmos essa obra, visto a ordem judicial que ordenou a destruição de todas as suas cópias.

Ele foi o responsável por introduzir o conceito de que a luz do sol poderia ser fatal para vampiros, uma ideia que não estava presente na obra original de Stoker. Diversas cenas de um vampiro controlando sua urgência de predar alguém cujo dedo foi cortado e está sangrando devem sua inspiração ao filme alemão. O próprio levantar do caixão que desafia a física é outra referência inicialmente exibida nessa obra.

Além disso, a estética expressionista de *Nosferatu* — com seu uso inovador de sombras, composições distorcidas e ambientes góticos — tornou-se um elemento central em como o vampiro seria representado no cinema.

Filmes posteriores, desde adaptações clássicas até reinterpretações modernas, continuam a fazer referência a essa atmosfera sombria e opressiva, reconhecendo *Nosferatu* como uma pedra angular do gênero vampiresco.

A NIGHTMARE OF HORROR!
DRACULA
BELA LUGOSI · DAVID MANNERS
HELEN CHANDLER · DWIGHT FRYE
and EDWARD VAN SLOAN
A TOD BROWNING Production
FROM THE FAMOUS PLAY AND NOVEL
BRAM STOKER
A UNIVERSAL RE-RELEASE

Drácula

Ano: 1931
Título Original: *Dracula*
Diretor: Tod Browning
Elenco: Bela Lugosi, Helen Chandler e David Manners

Estrelado por Bela Lugosi — que já atuara no papel do conde no teatro, este filme foi responsável por solidificar a imagem de Drácula como uma figura aristocrática e sedutora, utilizando seu charme hipnótico para atrair suas vítimas. A história segue o jovem advogado Renfield que, ao visitar o castelo de Drácula na Transilvânia, é transformado em servo do vampiro. Drácula então se muda para Londres, onde começa a espalhar terror ao perseguir Mina, a filha de um renomado médico.

A obra é notável não apenas por sua atmosfera gótica e sombria, mas também por apresentar a indumentária pomposa e fala sedutora do vampiro. Bela Lugosi, com seu sotaque e postura enigmática, definiu o arquétipo do vampiro no imaginário popular. Tod Browning trouxe uma abordagem que equilibra o horror com uma dose de elegância e mistério, características que seriam exploradas em inúmeras adaptações futuras.

Embora *Drácula* possua referências claras a *Nosferatu* — como a advertência dos aldeões para a criatura Nosferatu e a cena do corte no dedo —. o filme subverte algumas de suas convenções, especialmente na caracterização do vampiro. Enquanto *Nosferatu* apresentava uma criatura monstruosa, Lugosi trouxe um vampiro mais refinado, mas ainda perigoso, refletindo o medo da invasão estrangeira que permeava a sociedade norte-americana da época. Sua influência se estende por décadas, tornando-se uma referência cultural permanente.

A FILM BY CARL THEODOR DREYER
Vampyr

O Vampiro

Ano: 1932
Título Original: *Vampyr*
Diretor: Carl Theodor Dreyer
Elenco: Maurice Schutz, Julian West e Sybille Schmitz

O Vampiro é uma "adaptação livre" alemã do romance *Carmilla*, de Sheridan Le Fanu, e segue a história de Allan Gray, um jovem fascinado por ocultismo, que se vê envolvido em uma trama sombria ao se hospedar numa pousada rural. Gray logo descobre que a vila está sob a influência de uma vampira que ameaça a vida de uma jovem, estabelecendo uma atmosfera de medo e desesperança.

A singularidade do filme reside em sua narrativa fragmentada e em seu estilo visual único, que emprega técnicas como o uso de filtros para criar uma aura etérea. A ausência quase total de diálogos e a ênfase na música e nos efeitos sonoros contribuem para uma sensação de desorientação e claustrofobia.

Inspirado pelo trabalho de *Nosferatu*, ele leva o conceito de sombras e luzes a um novo patamar, utilizando esses elementos para acentuar o terror psicológico e recorrendo a letreiros tal qual um filme mudo. A influência do expressionismo alemão é evidente, com cenários distorcidos e figuras fantasmagóricas, refletindo os anseios europeus pós Primeira Guerra. Não à toa, a obra é considerada um dos primeiros filmes a explorar o horror psicológico de forma profunda e poética.

SON OF DRACULA
with
LOUISE ALLBRITTON
ROBERT PAIGE
EVELYN ANKERS
FRANK CRAVEN
J. EDWARD BROMBERG
SAMUEL S. HINDS
and
LON CHANEY
as Count Dracula

O Filho de Drácula

Ano: 1943
Título Original: *Son of Dracula*
Diretor: Robert Siodmak
Elenco: Lon Chaney Jr., Robert Paige e Louise Allbritton

O Filho de Drácula é uma adição intrigante à longa lista de filmes sobre o icônico vampiro e sua prole. O filme segue a história do Conde Alucard (Drácula ao contrário), que se muda para o sul dos Estados Unidos e se envolve num romance sombrio com uma jovem obcecada pela imortalidade. O filme combina elementos de horror gótico com um toque de *noir* e é notável por apresentar um cenário longe dos castelos europeus, adentrando as misteriosas paisagens pantanosas da América.

Essa obra é parte de um fenômeno cinematográfico durante as décadas de 1930 e 1940: o *boom* de "filmes da família Drácula". Esse período viu uma proliferação de títulos como *A Filha de Drácula* (1936) e *A Mansão Drácula* (1945), que exploravam a mitologia em torno do vampiro e de outros monstros clássicos da Universal. Esses filmes muitas vezes reuniam vários monstros, numa espécie de "universo compartilhado", décadas antes desse conceito se tornar comum.

O Filho de Drácula não almeja ser uma sequência do filme *Drácula*, mas apresenta um novo personagem com uma narrativa própria. Apesar do vampiro ter a mesma fraqueza à luz solar, há uma maior ênfase em sua habilidade de manipular as sombras, sugerindo uma ameaça constante, mesmo durante o dia. Embora não tenha alcançado o mesmo status icônico de outros filmes, ele continua a ser um exemplo de como a criatura se adaptou durante a era de ouro de Hollywood.

It's a grand New Idea for FUN!
UNIVERSAL-INTERNATIONAL presents
BUD ABBOTT and LOU COSTELLO meet FRANKENSTEIN
WITH
the Wolfman PLAYED BY LON CHANEY
Dracula PLAYED BY BELA LUGOSI
The Monster PLAYED BY GLENN STRANGE
LENORE AUBERT · JANE RANDOLPH
Original Screenplay by Robert Lees . . . Frederic Rinaldo . . . John Grant
DIRECTED BY CHAS T. BARTON
PRODUCED BY ROBERT ARTHUR
Universal International

Às Voltas com o Fantasma

Ano: 1948
Título Original: *Bud Abbott and Lou Costello Meet Frankenstein*
Diretor: Charles Barton
Elenco: Bud Abbott, Lou Costello e Lon Chaney Jr.

Este filme tem seu marco na história do cinema por ser a primeira comédia de terror. Além dos caricatos comediantes Bud Abbott e Lou Costello, vemos os monstros clássicos da Universal, incluindo o Drácula (reinterpretado por Bela Lugosi), o Monstro de Frankenstein e o Lobisomem. A trama gira em torno de dois funcionários de um armazém que, de forma despretensiosa, se veem envolvidos em uma conspiração liderada por Drácula para reviver o Monstro de Frankenstein.

Sua maior particularidade reside na forma como o filme subverte as convenções dos filmes de terror, apresentando os monstros em um contexto cômico sem perder o respeito por suas origens no horror clássico. Ao trazer Drácula para o mundo da comédia, o filme inaugura um novo subgênero que combina humor e horror, um equilíbrio delicado que muitos filmes posteriores buscam replicar. A combinação de dois gêneros, aparentemente tão distintos, possibilitou que *Às Voltas com o Fantasma* abrisse as portas para futuras explorações do vampiro em filmes menos convencionais.

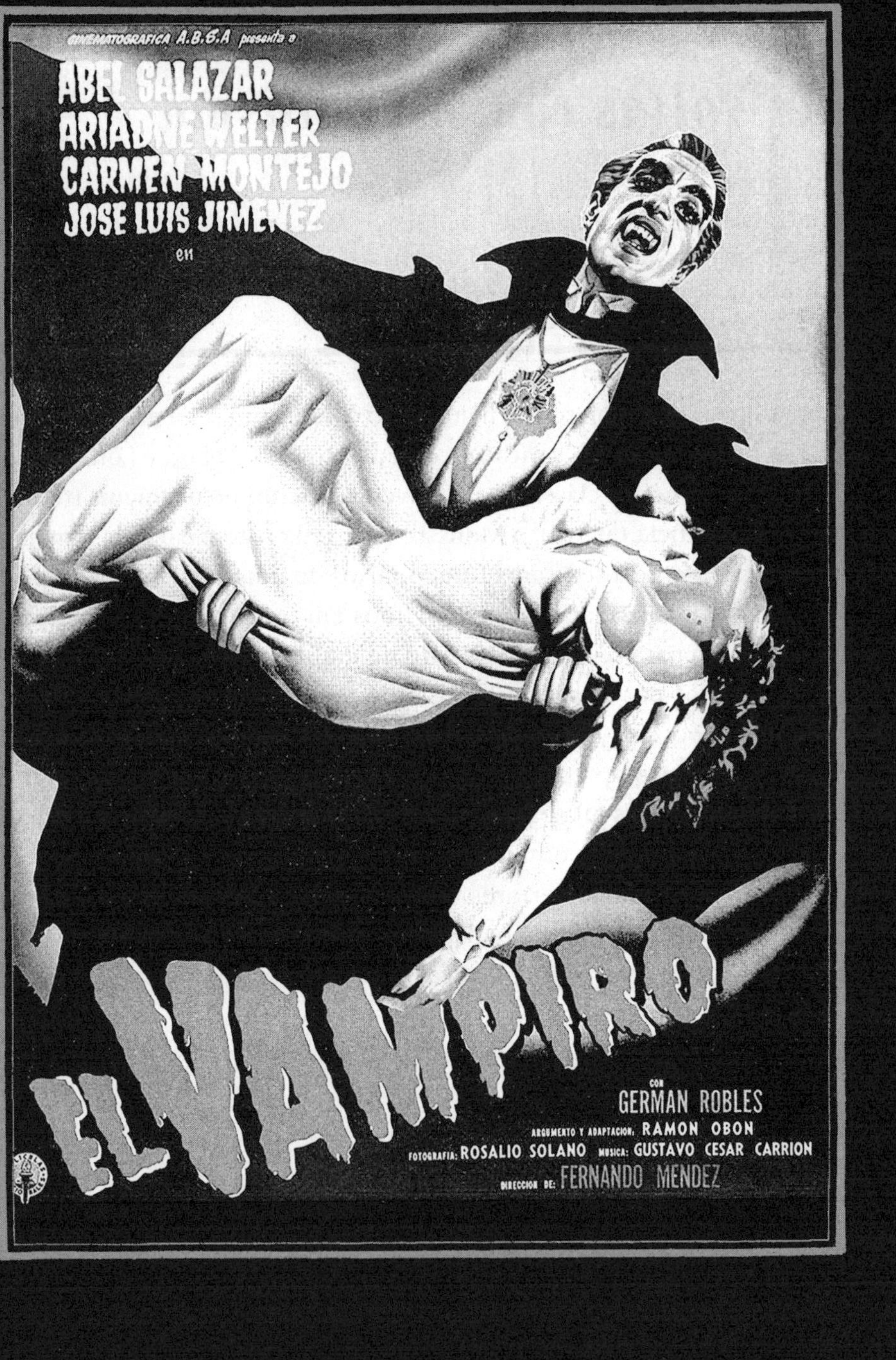
CINEMATOGRAFICA A.B.S.A presenta a
ABEL SALAZAR
ARIADNE WELTER
CARMEN MONTEJO
JOSE LUIS JIMENEZ
en
EL VAMPIRO
con
GERMAN ROBLES
ARGUMENTO Y ADAPTACION: RAMON OBON
FOTOGRAFIA: ROSALIO SOLANO MUSICA: GUSTAVO CESAR CARRION
DIRECCION DE: FERNANDO MENDEZ

O Morcego

Ano: 1957
Título Original: *El Vampiro*
Diretor: Fernando Méndez
Elenco: Abel Salazar, Ariadne Welter e Carmen Montejo

Este é um dos filmes mais icônicos do cinema de terror mexicano. A história acompanha Marta, uma jovem que retorna à fazenda de sua família, apenas para descobrir que seu tio morreu sob circunstâncias misteriosas e que sua tia está sob a influência de um sinistro Conde Lavud, que na verdade é um vampiro. O filme explora o medo do sobrenatural num ambiente que mistura as paisagens rurais com cenários góticos e sombrios.

O Morcego se destaca por sua capacidade de combinar elementos do folclore mexicano com o terror gótico europeu. A caracterização do Conde Lavud — muito inspirado no visual de Bela Lugosi — como um aristocrata sombrio que controla suas vítimas através do medo e do hipnotismo apresenta uma visão cultural e histórica única.

De forma clara, o filme toma emprestado elementos de *Nosferatu*, especialmente no uso das sombras e na utilização de presas alongadas. No entanto, o filme subverte essas influências ao inseri-las num contexto cultural diversificado, onde o vampiro não é apenas uma figura monstruosa, mas também um símbolo de opressão e controle.

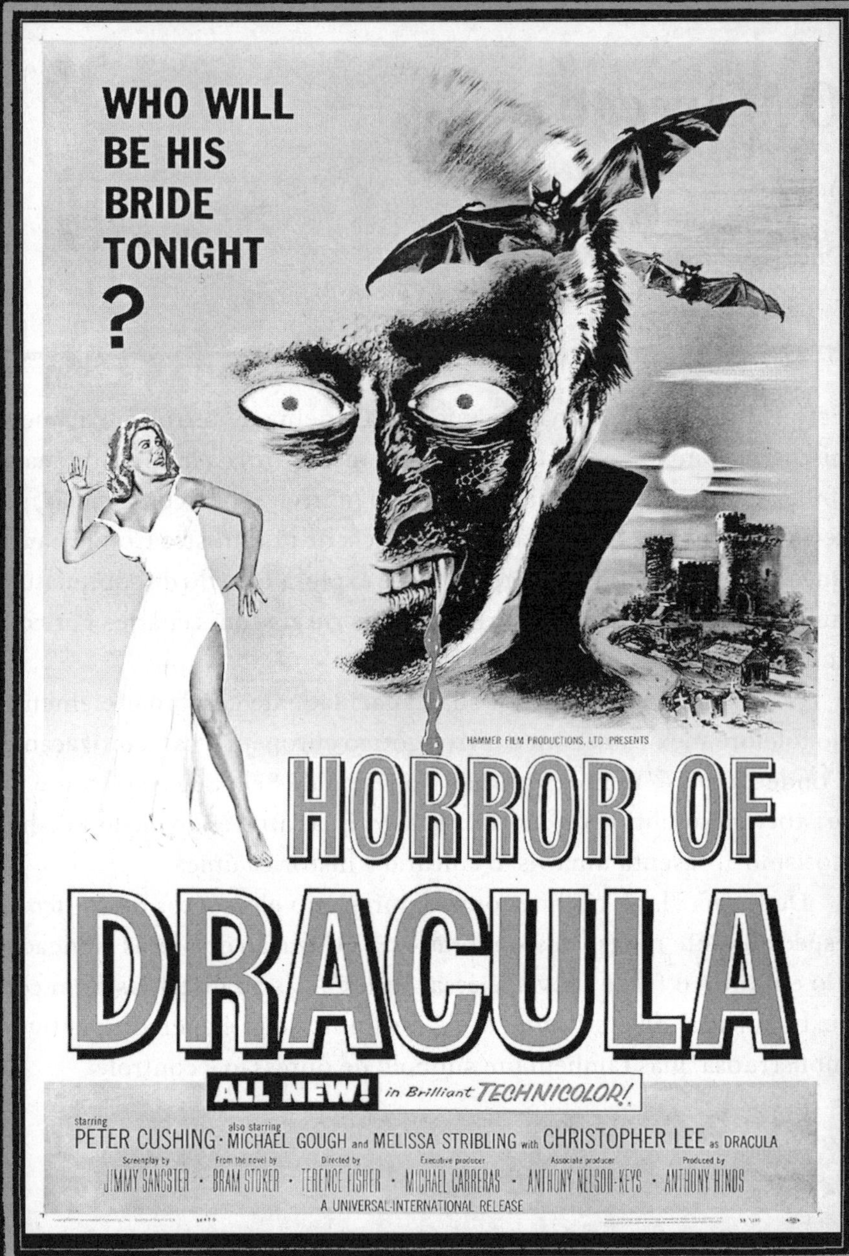
WHO WILL
BE HIS
BRIDE
TONIGHT
?
HAMMER FILM PRODUCTIONS, LTD. PRESENTS
HORROR OF
DRACULA
ALL NEW! in Brilliant TECHNICOLOR!
starring PETER CUSHING · also starring MICHAEL GOUGH and MELISSA STRIBLING with CHRISTOPHER LEE as DRACULA
Screenplay by JIMMY SANGSTER · From the novel by BRAM STOKER · Directed by TERENCE FISHER · Executive producer MICHAEL CARRERAS · Associate producer ANTHONY NELSON-KEYS · Produced by ANTHONY HINDS
A UNIVERSAL-INTERNATIONAL RELEASE

O Vampiro da Noite

Ano: 1958
Título Original: *Horror of Dracula*
Diretor: Terence Fisher
Elenco: Christopher Lee, Peter Cushing e Michael Gough

O Vampiro da Noite é uma das mais ilustres adaptações do romance de Bram Stoker, além de estar na vanguarda das produções de terror do estúdio britânico Hammer Films. Sua notoriedade se dá por várias razões: trata-se do primeiro filme a trazer o Conde Drácula em cores para as telas, além de apresentar o talentoso Christopher Lee pela primeira vez no papel do vampiro. Algumas diferenças significativas em relação à história original ocorreram. Por exemplo, Jonathan Harker não é advogado, mas um bibliotecário que trabalha secretamente para Van Helsing, além de ser noivo de Lucy, em vez de Mina.

A interpretação de Christopher Lee como Drácula foi revolucionária, trazendo uma dimensão física e ameaçadora que destaca o personagem de representações anteriores. A química entre Lee e Peter Cushing (intérprete de Van Helsing) estabeleceu um dos duelos mais memoráveis do cinema de horror, referenciado em várias obras futuras.

Em termos de inspiração, *O Vampiro da Noite* toma emprestado elementos visuais e temáticos de *Nosferatu*, especialmente na utilização da morte pela luz solar em vez de uma estaca no peito. No entanto, o filme traz um novo marco no horror gótico para a era do *Technicolor*, permitindo a exploração mais visceral do sangue cinematográfico, algo inovador para os filmes desse gênero. Tamanho foi seu sucesso, que Christopher Lee foi convidado para reinterpretar o papel de Drácula em diversas outras obras.

STARE INTO THESE EYES
discover deep within them the unspeakable terrifying secret of
BLACK SUNDAY
...it will paralyze you with fright!
PLEASE NOTE
The producers of BLACK SUNDAY recommend that it be seen only by those over 12 years of age!
starring BARBARA STEELE · JOHN RICHARDSON
IVO GARRANI · ANDREA CHECCHI
A GALATEA-JOLLY FILM PRODUCTION · Directed by MARIO BAVA · AN AMERICAN-INTERNATIONAL PICTURE

A Maldição do Demônio

Ano: 1960
Título Original: *La Maschera del Demonio (Black Sunday)*
Diretor: Mario Bava
Elenco: Barbara Steele, John Richardson e Andrea Checchi

Uma obra-prima do cinema de terror italiano, que trouxe uma nova perspectiva ao mito dos vampiros. Inspirado no conto *Viy* de Nikolai Gogol, a trama segue a história de Asa Vajda, uma bruxa vampira que, após ser executada por seu irmão, retorna dos mortos para se vingar dos descendentes de seu algoz. A trama se desenrola em uma atmosfera gótica, com castelos em ruínas, cemitérios sombrios e nevoeiros densos, criando uma experiência visualmente rica e perturbadora. Barbara Steele, em um papel duplo como Asa e sua descendente Katia, brilha em uma atuação marcante muito elogiada pela crítica.

O filme é notável por seu uso inovador de efeitos visuais e iluminação, marcas registradas de Mario Bava, que revolucionaram a maneira como o horror era apresentado no cinema. *A Maldição do Demônio* combina elementos de vampirismo com bruxaria, criando um híbrido único que ecoa as perseguições da inquisição. Sua abordagem ao terror é altamente estilizada, com ênfase na atmosfera e na sugestão, apesar de conter uma boa dose de brutalidade.

Bava subverte as convenções do gênero ao introduzir uma figura feminina que se afasta da imagem tradicional do vampiro masculino para explorar temas de poder, sexualidade e vingança. O filme também se distingue por cenas memoráveis, como a colocação da máscara de ferro com espinhos no rosto da protagonista, um choque cinematográfico para o público da época.

METRO-GOLDWYN-MAYER presents A MARTIN RANSOHOFF-ROMAN POLANSKI PRODUCTION
"THE FEARLESS VAMPIRE KILLERS"
OR: Pardon Me, But your Teeth Are in My Neck
starring
JACK MacGOWRAN · SHARON TATE · ALFIE BASS · co starring FERDY MAYNE
Story and Screenplay by GERARD BRACH and ROMAN POLANSKI · Produced by GENE GUTOWSKI · Directed by ROMAN POLANSKI

A Dança dos Vampiros

Ano: 1967
Título Original: *The Fearless Vampire Killers*
Diretor: Roman Polanski
Elenco: Jack MacGowran, Roman Polanski e Alfie Bass

Uma paródia singular que mistura elementos de horror e comédia, resultando em uma sátira que ganhou destaque entre os filmes clássicos de vampiros. A história segue o Professor Abronsius e seu atrapalhado assistente, Alfred, interpretado pelo próprio Polanski, em uma missão na Transilvânia para erradicar vampiros. Os dois acabam se deparando com um castelo habitado pelo Conde von Krolock, um vampiro aristocrata, e seus seguidores, levando a uma série de eventos cômicos e sinistros.

O filme detém uma abordagem visual única, utilizando cenários góticos e uma paleta de cores vibrante que contrasta com o tom leve da narrativa. O toque de Polanski é visível na forma como manipula os clichês do gênero, subvertendo expectativas do público habituado com o terror. Sua capacidade de ser, ao mesmo tempo, uma homenagem e uma crítica ao gênero o torna uma obra original e que reflete a sagacidade de seu idealizador.

MISTRESSES of the DEATHMASTER
sharing his hunger
for human flesh,
his thirst for
human blood,
his evil lusts
that even
Hell
cannot
fulfill!
COUNT
YORGA,
vampire
COLOR
BY MOVIELAB
GP
ROBERT QUARRY · ROGER PERRY · MICHAEL MURPHY · MICHAEL MACREADY · DONNA ANDERS
MICHAEL MACREADY · BOB KELLJAN · BILL MARX
AN AMERICAN INTERNATIONAL RELEASE

Conde Yorga, o Vampiro

Ano: 1970
Título Original: *Count Yorga, Vampire*
Diretor: Bob Kelljan
Elenco: Robert Quarry, Roger Perry e Michael Murphy

Conde Yorga, o Vampiro representa uma transição para o gênero de vampiros, trazendo-o para um cenário urbano e contemporâneo. A história segue o Conde Yorga, um vampiro recém-chegado a Los Angeles, que começa a seduzir e atacar as jovens da cidade. Diferente dos vampiros aristocráticos e isolados de antes, Yorga é uma figura que se adapta ao mundo moderno, utilizando sua esperteza e poderes hipnóticos para se infiltrar e manipular aqueles ao seu redor.

Sua abordagem mistura o horror clássico com elementos do suspense psicológico e da cultura *pop* dos anos 1970. Robert Quarry, no papel do Conde Yorga, oferece uma interpretação que mescla o carisma ameaçador de Drácula com a frieza calculada de um predador urbano, criando uma nova imagem do vampiro adaptado às mudanças culturais da época. *Conde Yorga, o Vampiro* explora temas como a alienação e a decadência moral, refletindo certas preocupações do período.

A obra traz o horror para a luz da modernidade, explorando a ideia de que o mal pode estar onde menos se espera, camuflado na normalidade do cotidiano. Essa modernização do mito do vampiro redefiniu o gênero para uma nova geração, abrindo caminho para futuras interpretações que continuariam a adaptar e reinventar o vampiro para representar preocupações e medos contemporâneos.

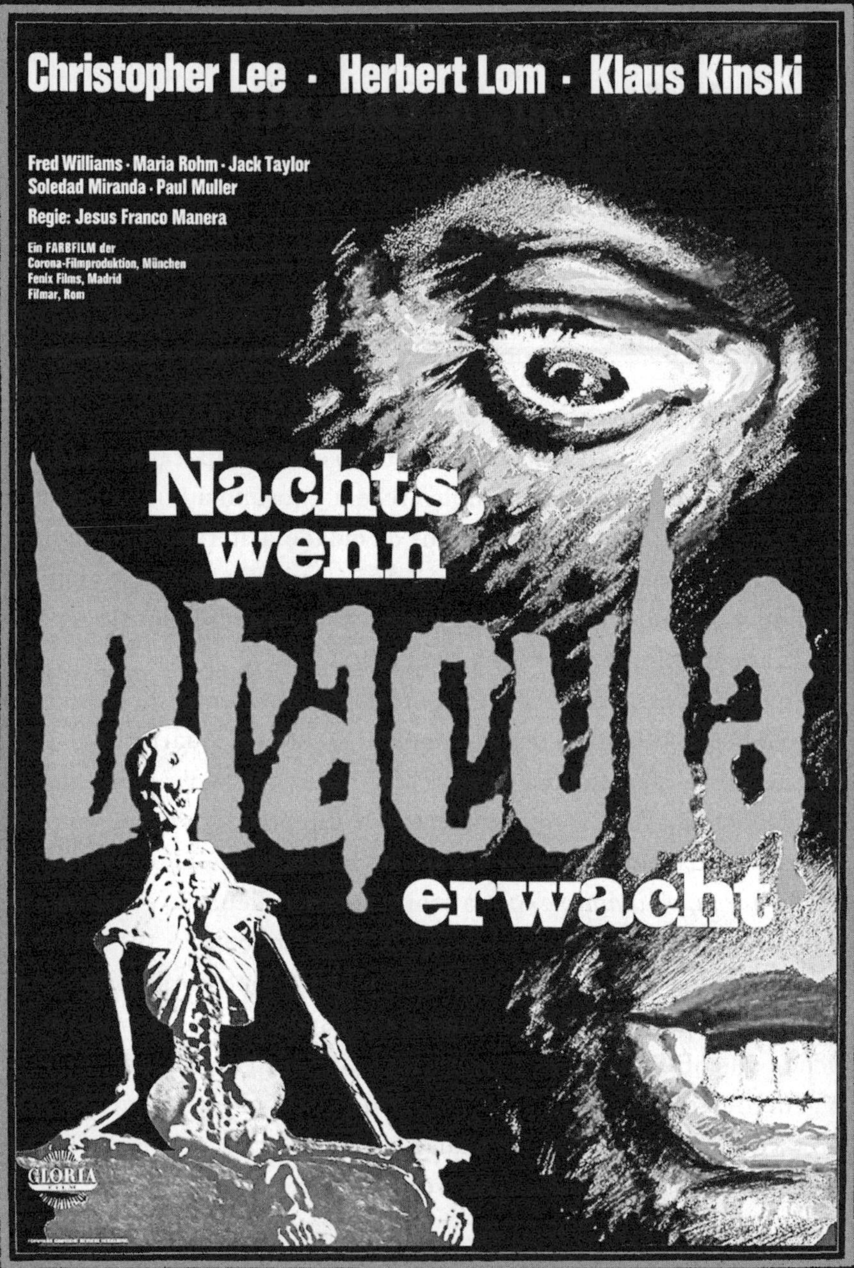
Christopher Lee · Herbert Lom · Klaus Kinski
Fred Williams · Maria Rohm · Jack Taylor
Soledad Miranda · Paul Muller
Regie: Jesus Franco Manera
Ein FARBFILM der
Corona-Filmproduktion, München
Fenix Films, Madrid
Filmar, Rom
Nachts, wenn Dracula erwacht
GLORIA

Conde Drácula

Ano: 1970
Título Original: *Nachts, wenn Dracula erwacht*
Diretor: Jesús Franco
Elenco: Christopher Lee, Herbert Lom e Klaus Kinski

Uma coprodução entre a Alemanha, Itália e Espanha que traz Christopher Lee outra vez ao consagrado papel de Drácula, numa versão que busca ser mais fiel ao romance original de Bram Stoker. Ao contrário de outras adaptações, esta versão apresenta Drácula como um personagem que envelhece ao longo do filme, uma tentativa de capturar a transformação física e a decadência do vampiro conforme vistos na obra original.

O filme ecoa elementos de *Nosferatu*, como a reação exagerada de Jonathan Harker (na melhor referência a Thomas Hutter), ao encontrar o conde em seu caixão, além de seu período internado num hospital após fugir da torre do castelo. forma como explora a ligação do vampiro com a morte e a decadência. No entanto, Franco subverte o gênero ao humanizar Drácula, exibindo-o não apenas como um monstro, mas também como uma figura trágica, presa em sua imortalidade e em seu desejo de recuperar a juventude perdida.

The last man alive... is not alone!
CHARLTON HESTON THE ΩMEGA MAN
A WALTER SELTZER PRODUCTION CO-STARRING ANTHONY ZERBE · ROSALIND CASH · SCREENPLAY BY JOHN WILLIAM and JOYCE H. CORRINGTON
PRODUCED BY WALTER SELTZER · DIRECTED BY BORIS SAGAL · PANAVISION® · TECHNICOLOR® FROM WARNER BROS. A KINNEY LEISURE SERVICE
GP
ALL AGES ADMITTED
71/208

A Última Esperança da Terra

Ano: 1971
Título Original: *The Omega Man*
Diretor: Boris Sagal
Elenco: Charlton Heston, Anthony Zerbe e Rosalind Cash

Décadas antes de Will Smith protagonizar *Eu Sou a Lenda* (2007), o romance homônimo de Richard Matheson com vampiros num cenário pós-apocalíptico recebeu uma adaptação com ecos do contexto de Guerra Fria. Dirigido por Boris Sagal, o filme apresenta o coronel Robert Neville, um dos últimos sobreviventes de uma pandemia global causada por uma guerra biológica cujo resultado foi a transformação de quase toda população em criaturas mutantes que evitam a luz do dia. Isolado em uma Los Angeles deserta, Neville luta pela sobrevivência, enquanto procura uma cura para a praga que dizimou a humanidade.

Diferente das adaptações anteriores, *A Última Esperança da Terra* une elementos de ficção científica com o horror dos vampiros, refletindo as ansiedades da época em relação à tecnologia e ao poder nuclear. O filme recria os vampiros como mutantes albinos sensíveis à luz, conhecidos como "A Família", que rejeitam a tecnologia e veem Neville como relíquia de uma era que consideram responsável por sua condição.

A Última Esperança da Terra subverte a imagem tradicional do vampiro ao conectá-lo diretamente ao medo nuclear, uma preocupação predominante na década de 1970. A transformação dos humanos em criaturas noturnas como resultado de uma guerra biológica é uma sutil metáfora para os horrores que a energia nuclear e as armas de destruição em massa poderiam trazer.

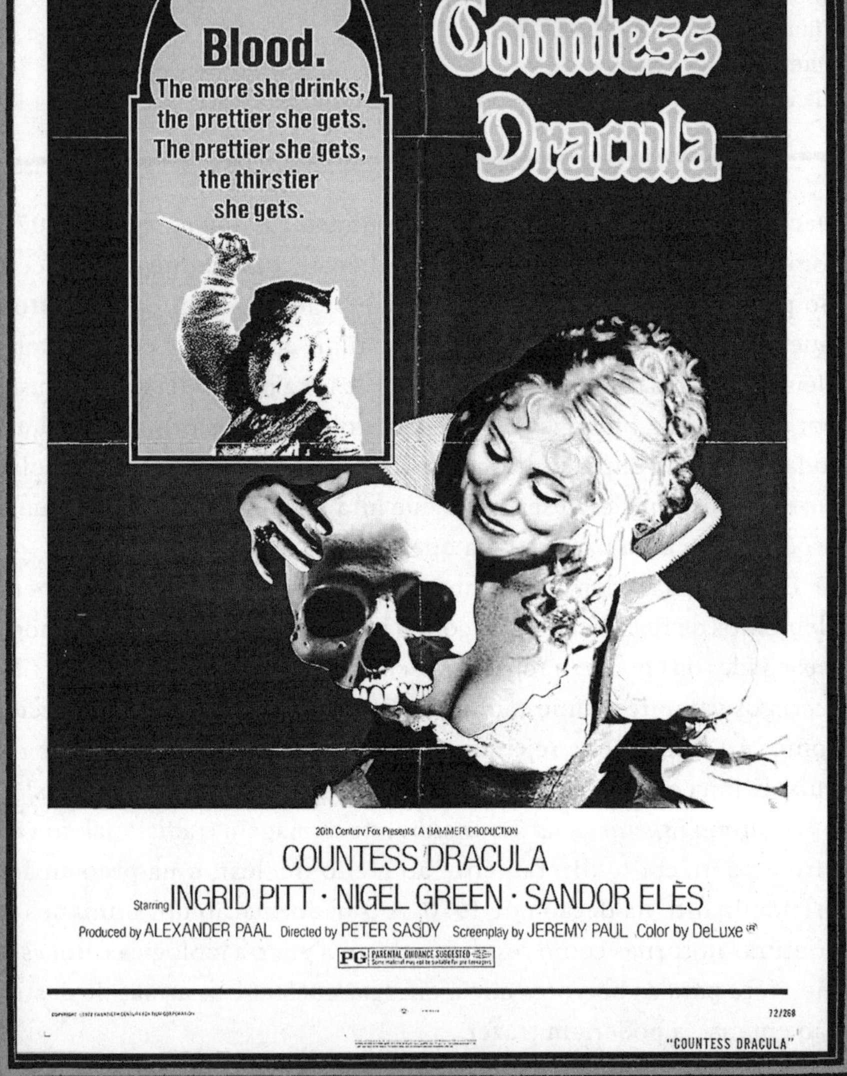
Blood.
The more she drinks, the prettier she gets. The prettier she gets, the thirstier she gets.
Countess Dracula
20th Century Fox Presents A HAMMER PRODUCTION
COUNTESS DRACULA
Starring INGRID PITT · NIGEL GREEN · SANDOR ELÈS
Produced by ALEXANDER PAAL Directed by PETER SASDY Screenplay by JEREMY PAUL Color by DeLuxe®
PG PARENTAL GUIDANCE SUGGESTED
72/268
"COUNTESS DRACULA"

A Condessa Drácula

Ano: 1971
Título Original: *Countess Dracula*
Diretor: Peter Sasdy
Elenco: Ingrid Pitt, Nigel Green e Sandor Elès

Uma interpretação sombria e com elementos eróticos da lenda da Condessa Elisabeth Báthory, frequentemente referida como a "Condessa Sangrenta" por suas supostas práticas de banhar-se em sangue de virgens para preservar a juventude. Situado na Hungria do século XVII, a história acompanha uma condessa envelhecida que descobre o segredo para recuperar sua beleza perdida ao tomar banhos com o sangue de virgens. Ingrid Pitt encarna a condessa num misto de crueldade e vulnerabilidade, algo que a destacou como uma das figuras memoráveis do horror gótico da época.

Essa produção da Hammer expõe a tentativa da empresa de se manter relevante, num período em que seus filmes não atingiam o mesmo potencial de outrora. Aproveitando-se de leis mais brandas para o cinema, *A Condessa Drácula* utiliza nudez e erotismo, mas sem perder uma atmosfera gótica e histórica. Sua protagonista reflete a obsessão pelo culto da beleza e juventude, temas que repercutiam fortemente na sociedade dos anos 1970.

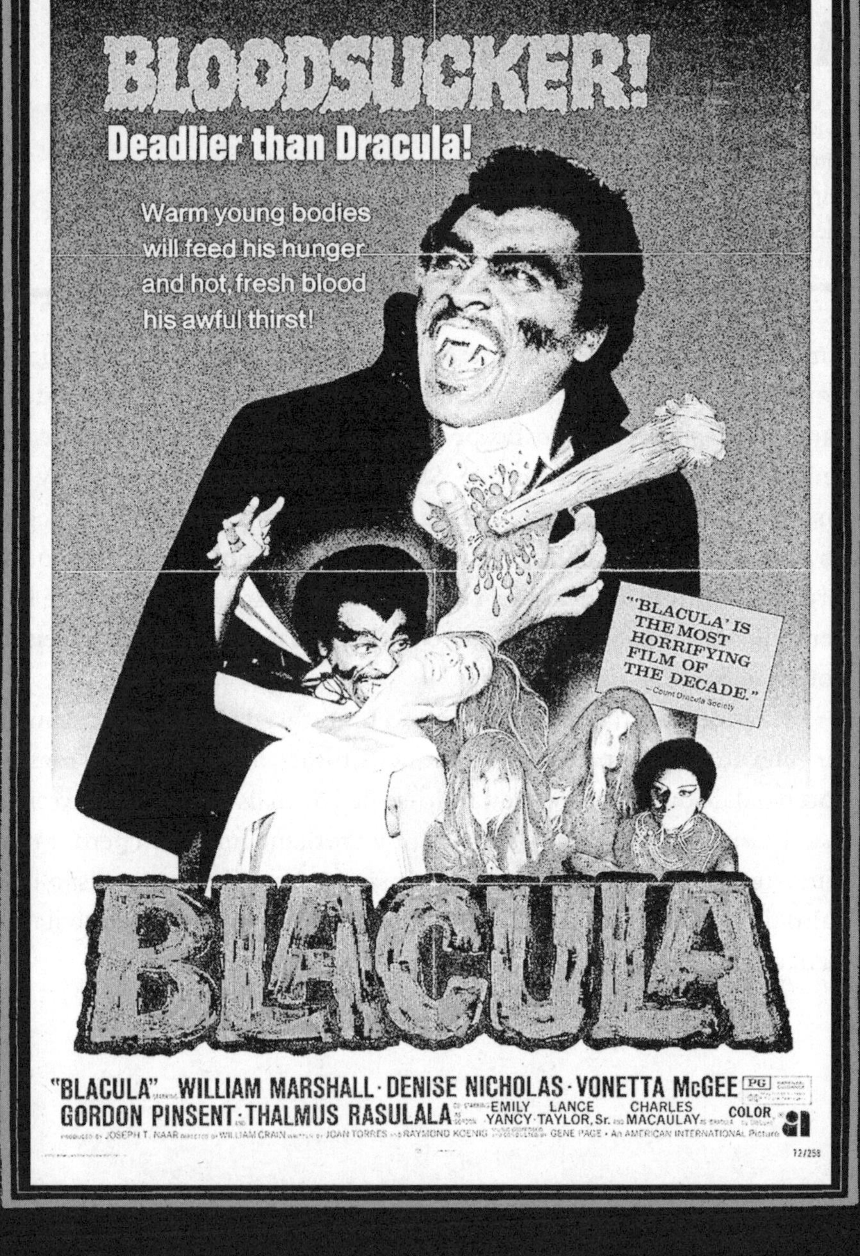
BLOODSUCKER!
Deadlier than Dracula!
Warm young bodies will feed his hunger and hot, fresh blood his awful thirst!
"'BLACULA' IS THE MOST HORRIFYING FILM OF THE DECADE."
—Count Dracula Society
BLACULA
"BLACULA" WILLIAM MARSHALL · DENISE NICHOLAS · VONETTA McGEE
GORDON PINSENT · THALMUS RASULALA
EMILY YANCY · LANCE TAYLOR, Sr. · CHARLES MACAULAY
COLOR
PG
JOSEPH T. NAAR · WILLIAM CRAIN · JOAN TORRES · RAYMOND KOENIG · GENE PAGE · An AMERICAN INTERNATIONAL Picture
72/258

Blacula, o Vampiro Negro

Ano: 1972
Título Original: *Blacula*
Diretor: William Crain
Elenco: William Marshall, Vonetta McGee e Denise Nicholas

Um marco significativo no cinema, sendo o primeiro filme a apresentar uma versão de Drácula interpretado por um ator negro, William Marshall. O filme combina o horror do vampirismo com a estética e as temáticas do movimento *Blaxploitation*, criando uma narrativa que mistura terror clássico com questões sociais e raciais emergentes nos Estados Unidos dos anos 1970. O enredo apresenta Mamuwalde, um príncipe africano do século XVIII que, após ser transformado em vampiro, desperta em Los Angeles nos anos 1970, onde começa a espalhar o terror enquanto busca por uma mulher que acredita ser a reencarnação de sua falecida esposa.

Apesar de algumas críticas quanto a estereotipação de personagens negros, o filme não deixa de abordar questões de racismo e colonialismo, temas oportunos na era dos direitos civis. Ao situar o vampiro num contexto urbano moderno, apresentar cenas de violência, sexo e uso de drogas, além de explorar tensões sociais de seu tempo, essa obra cria um marco no gênero vampiresco por sua inovação e representação.

The ultimate
in terror!
SALEM'S
LOT
"SALEM'S LOT" Starring DAVID SOUL JAMES MASON
LANCE KERWIN BONNIE BEDELIA LEW AYRES
Produced by
RICHARD KOBRITZ
Executive Producer
STIRLING SILLIPHANT
Screenplay by
PAUL MONASH
Based on the Novel by
STEPHEN KING
Directed by
TOBE HOOPER

A Hora do Vampiro

Ano: 1979
Título Original: *Salem's Lot*
Diretor: Tobe Hooper
Elenco: David Soul, James Mason e Lance Kerwin

Salem's Lot, lançado no Brasil como *A Hora do Vampiro*, é uma adaptação televisiva em formato de minissérie do romance homônimo de Stephen King. Dirigido por Tobe Hooper, conhecido por seu trabalho em *O Massacre da Serra Elétrica* (1974), a minissérie foi dividida em dois episódios e não tardou para se tornar um clássico do terror. A trama segue o escritor Ben Mears, que retorna à pequena cidade de Salem's Lot para descobrir que uma força malévola, na forma de um vampiro chamado Kurt Barlow, está transformando os habitantes em criaturas sobrenaturais.

Um grande aspecto visual de *A Hora do Vampiro* é a representação do vampiro Kurt Barlow, cuja aparência é uma referência direta ao Conde Orlok de *Nosferatu*, com pele pálida, orelhas pontudas e presas nos dentes incisivos. Barlow é uma figura grotesca que evoca o horror primordial que Orlok trouxe às telas décadas antes. Além de sua aparência ameaçadora, o filme reforça a ideia de que o vampiro não é apenas um predador isolado, mas um agente de corrupção que pode devastar uma comunidade inteira. A abordagem de Tobe Hooper, combinando horror psicológico com o sobrenatural, mostrando que o vampiro ainda pode ser uma figura aterradora, mesmo num cenário moderno.

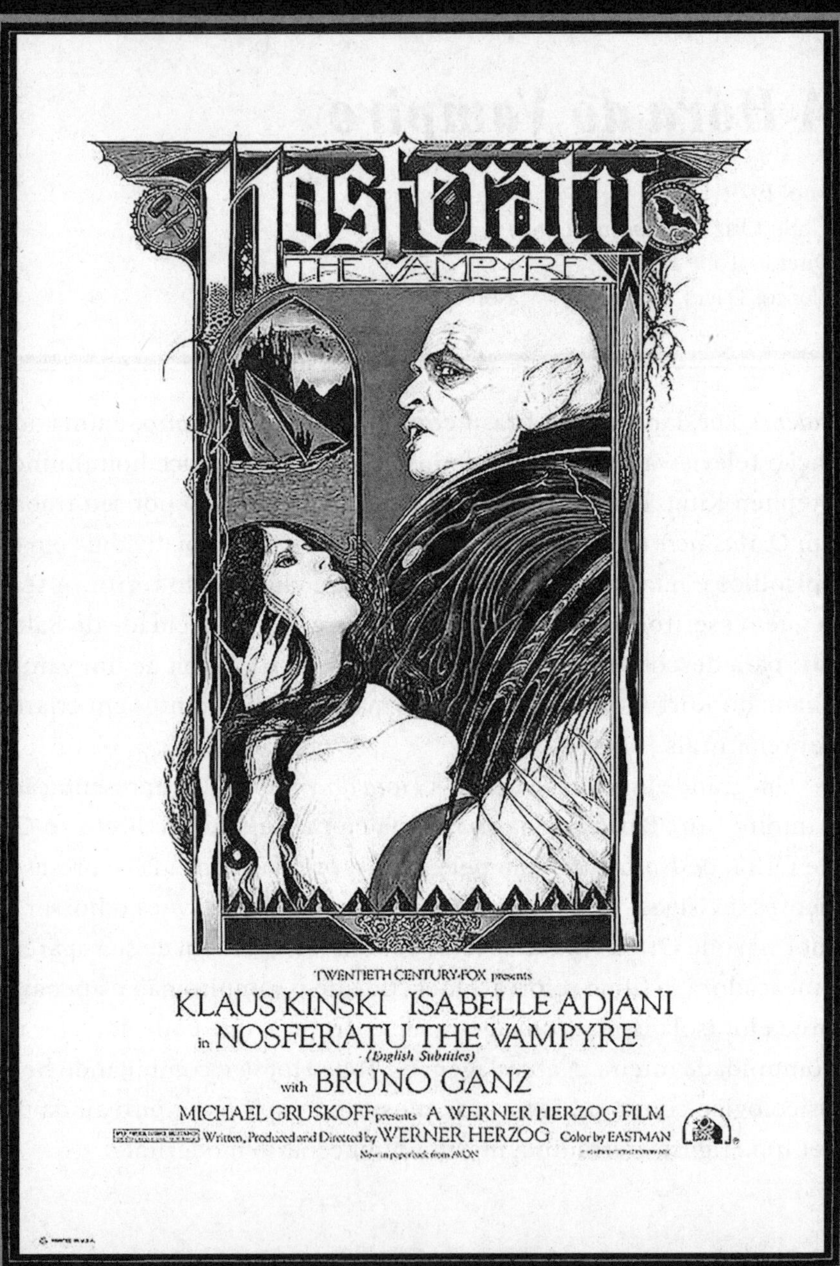
Nosferatu
THE VAMPYRE
TWENTIETH CENTURY-FOX presents
KLAUS KINSKI ISABELLE ADJANI
in NOSFERATU THE VAMPYRE
(English Subtitles)
with BRUNO GANZ
MICHAEL GRUSKOFF presents A WERNER HERZOG FILM
Written, Produced and Directed by WERNER HERZOG Color by EASTMAN
Now in paperback from AVON

Nosferatu, o Vampiro da Noite

Ano: 1979
Título Original: *Nosferatu – Phantom der Nacht*
Diretor: Werner Herzog
Elenco: Klaus Kinski, Isabelle Adjani e Bruno Ganz

Uma releitura sombria e poética do clássico de 1922, dirigido pelo mestre Werner Herzog. O filme é, ao mesmo tempo, uma homenagem reverente e uma reinvenção audaciosa da obra de Murnau, refletindo a paixão de Herzog pelo vampiro como símbolo de decadência e morte inevitável. A história segue a trama de 1922, mas resgata o nome dos personagens do romance de Stoker.

A atuação de Klaus Kinski como Drácula é central para a visão de Herzog, oferecendo uma interpretação que vai além da mera monstruosidade. Ele é uma figura trágica, aprisionada em sua própria imortalidade e desesperada por uma conexão humana eternamente fora de seu alcance. Diferente do Conde Orlok de Max Schreck, que era uma criatura mais bestial e instintiva, ele exala uma melancolia quase palpável, cônscio da solidão inerente à maldição que carrega.

Em termos de semelhanças, Herzog preserva a estética gótica do original, com cenários imponentes e uma paleta de cores sombrias para criar uma atmosfera sufocante. As sombras e a iluminação, cruciais para o terror de *Nosferatu*, são recriadas com um rigor visual que homenageia a obra de Murnau. No entanto, Herzog cria novas convenções ao infundir o filme com uma sensibilidade moderna, explorando temas de isolamento e desespero com uma intensidade sob medida para o público contemporâneo. Enquanto o *Nosferatu* de Murnau compõe uma sinfonia do terror, o de Herzog é tanto uma elegia quanto um pesadelo, um conto de horror que se entrelaça com uma reflexão filosófica sobre a condição humana.

Nothing human loves forever.
the Hunger
Metro-Goldwyn-Mayer Presents A Richard Shepherd Company Production
CATHERINE DENEUVE DAVID BOWIE SUSAN SARANDON
"THE HUNGER" CLIFF DE YOUNG Music by MICHEL RUBINI and DENNY JAEGER
Screenplay by IVAN DAVIS and MICHAEL THOMAS From the novel by WHITLEY STRIEBER
Directed by TONY SCOTT Produced by RICHARD SHEPHERD
R RESTRICTED UNDER 17 REQUIRES ACCOMPANYING PARENT OR ADULT GUARDIAN
Now a Pocket Book Bestseller
DISTRIBUTED BY MGM/UA ENTERTAINMENT CO

Fome de Viver

Ano: 1983
Título Original: *The Hunger*
Diretor: Tony Scott
Elenco: Catherine Deneuve, David Bowie e Susan Sarandon

Uma obra que mescla horror, erotismo e estética oitentista para redefinir o mito dos vampiros no cinema. A trama gira em torno de Miriam Blaylock, uma vampira imortal que vive em Nova York e que, ao lado de seu amante John (interpretado por David Bowie), transita pelo mundo da alta sociedade, enquanto esconde sua verdadeira natureza. Ao passo que John começa a envelhecer, Miriam se volta para a dra. Sarah Roberts, buscando uma nova parceira e amante. O filme é uma exploração da imortalidade, da decadência e do desejo, encapsulando o hedonismo e a alienação característicos da década de 1980.

Tony Scott utiliza uma estética elegante e moderna, com cortes rápidos, iluminação sofisticada e trilha sonora que inclui clássicos de música gótica, para criar uma experiência cinematográfica que é tanto sensual quanto perturbadora. A presença de David Bowie como o amante condenado de Miriam adiciona uma camada de elegância cruel ao filme, reforçando a ideia de que os vampiros, neste universo, são mais que predadores: são figuras trágicas, presas em uma existência eterna de luxúria e perda.

Embora *Fome de Viver* não faça uma referência direta a *Nosferatu* (1922), ele se alinha ao clássico ao explorar a inevitabilidade da morte e a decadência física, mas o faz em um contexto moderno e urbano, onde a imortalidade está ligada ao prazer e à dor. O filme também dialoga com os medos sociais do início dos anos 1980, como a epidemia da Aids, que começava a tomar proporções alarmantes. A narrativa de vampiros que enfrentam a transmissão de uma "doença" através do sangue serve como metáfora para as tensões sobre o corpo e a sexualidade de uma era marcada pela crise de saúde pública.

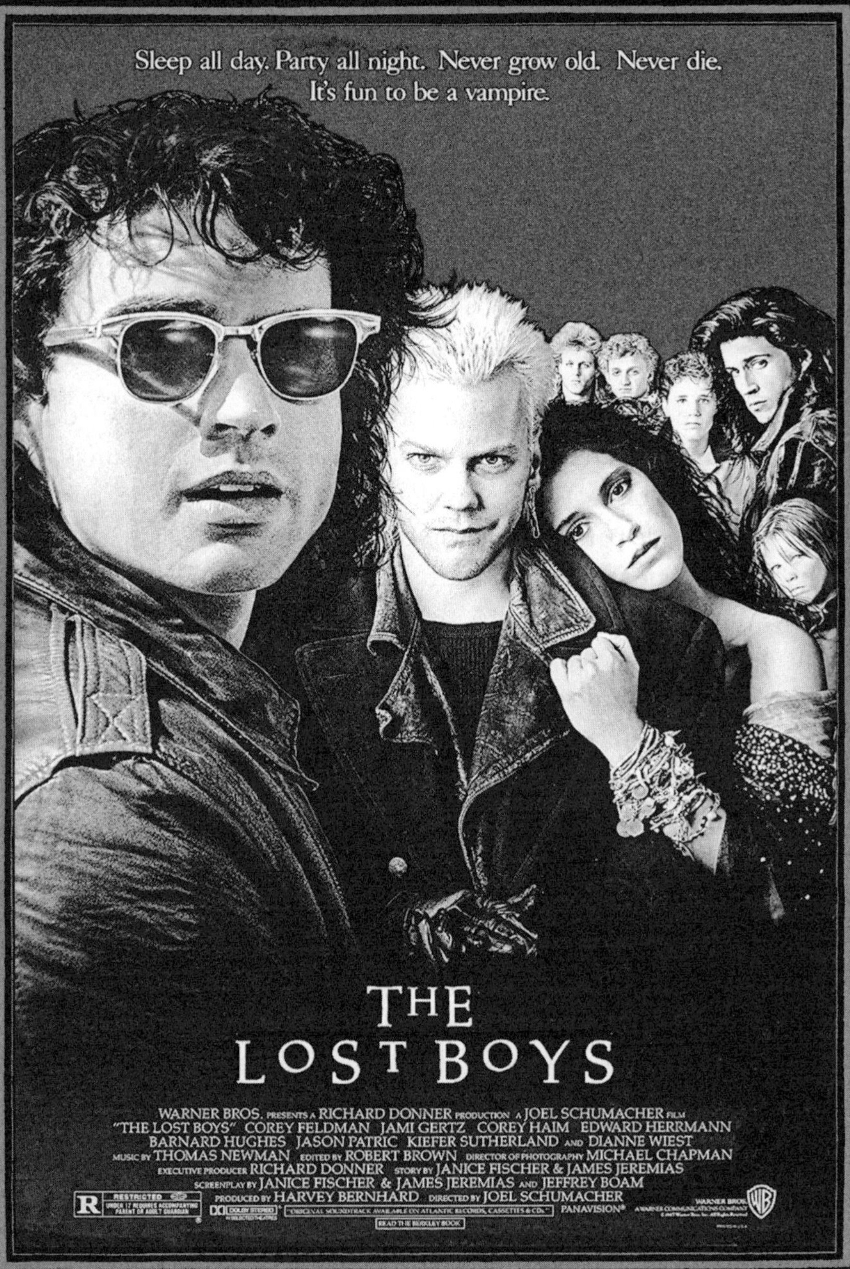
Sleep all day. Party all night. Never grow old. Never die.
It's fun to be a vampire.
THE LOST BOYS
WARNER BROS. PRESENTS A RICHARD DONNER PRODUCTION A JOEL SCHUMACHER FILM
"THE LOST BOYS" COREY FELDMAN JAMI GERTZ COREY HAIM EDWARD HERRMANN
BARNARD HUGHES JASON PATRIC KIEFER SUTHERLAND AND DIANNE WIEST
MUSIC BY THOMAS NEWMAN EDITED BY ROBERT BROWN DIRECTOR OF PHOTOGRAPHY MICHAEL CHAPMAN
EXECUTIVE PRODUCER RICHARD DONNER STORY BY JANICE FISCHER & JAMES JEREMIAS
SCREENPLAY BY JANICE FISCHER & JAMES JEREMIAS AND JEFFREY BOAM
R RESTRICTED UNDER 17 REQUIRES ACCOMPANYING PARENT OR ADULT GUARDIAN
PRODUCED BY HARVEY BERNHARD DIRECTED BY JOEL SCHUMACHER
DOLBY STEREO IN SELECTED THEATRES
"ORIGINAL SOUNDTRACK AVAILABLE ON ATLANTIC RECORDS, CASSETTES & CDs."
READ THE BERKLEY BOOK
PANAVISION®
WARNER BROS. A WARNER COMMUNICATIONS COMPANY

Os Garotos Perdidos

Ano: 1987
Título Original: *The Lost Boys*
Diretor: Joel Schumacher
Elenco: Jason Patric, Corey Haim e Dianne Wiest

Um dos filmes que redefiniram o gênero vampiresco na década de 1980, infundindo-o com uma energia jovem e uma estética vibrante que capturava o espírito rebelde da época. O enredo conta com os irmãos Michael e Sam, que se mudam com a mãe para a pequena cidade de Santa Carla, na Califórnia, onde descobrem que uma gangue de jovens vampiros motociclistas residem no local. Numa trama inspirada na história de *Peter Pan*, o filme combina elementos de terror, tons de comédia e drama adolescente para explorar temas como identidade, rebeldia e pertencimento, mirando especialmente o público jovem.

Uma das particularidades de *Os Garotos Perdidos* é a forma como ele moderniza o mito do vampiro, afastando-se das representações tradicionais e apresentando-os como adolescentes desajustados, que encarnam tanto o desejo de liberdade quanto os riscos da transgressão. Joel Schumacher utiliza a cultura pop, a moda *punk-rock* e uma trilha sonora icônica para criar um universo onde o vampirismo é uma metáfora para o hedonismo e a alienação juvenil. O filme subverte a imagem clássica do vampiro aristocrático, tornando-o um símbolo de poder e independência em uma sociedade que frequentemente reprime tais impulsos.

O filme adapta as convenções vampirescas sobre corrupção da alma para os anos 1980, abordando os medos contemporâneos de uma geração que cresceu em meio à crescente independência e ao medo da perda de controle. Um de seus primores é conseguir abordar a comédia de forma situacional, representada na reação dos personagens em vez de situações exageradas.

Seduction.
Romance.
Murder.
The things one does for love.
NICOLAS CAGE
VAMPIRE'S KISS
MARIA CONCHITA ALONSO
JENNIFER BEALS
AND
ELIZABETH ASHLEY
JOHN DALY and DEREK GIBSON Present for HEMDALE FILM CORPORATION
A MAGELLAN PICTURES Production NICOLAS CAGE "VAMPIRE'S KISS"
MARIA CONCHITA ALONSO JENNIFER BEALS and ELIZABETH ASHLEY Written by JOSEPH MINION
Produced by BARRY SHILS and BARBARA ZITWER Directed by ROBERT BIERMAN
R
RESTRICTED
DOLBY STEREO
PANAVISION®
HEMDALE

Um Estranho Vampiro

Ano: 1988
Título Original: *Vampire's Kiss*
Diretor: Joseph Minion
Elenco: Nicolas Cage, Maria Conchita Alonso e Jennifer Beals

Uma comédia de humor ácido e subversivo que desafia as convenções do gênero vampiresco ao misturar elementos de horror psicológico com humor pastelão e atuação exagerada. Estrelando Nicolas Cage em uma de suas performances mais excêntricas, o filme narra a história de Peter Loew, um executivo literário em Nova York, que acredita estar se transformando em um vampiro após um encontro com uma mulher misteriosa. À medida que sua paranoia e comportamento errático aumentam, Peter começa a se desprender da realidade, embarcando numa espiral de insanidade marcada por momentos cômicos e exagerados.

O filme brinca com o conceito do vampiro, questionando se o protagonista realmente se transformou em uma criatura da noite ou se está simplesmente perdendo a sanidade. A narrativa subverte o mito do vampiro tradicional ao situá-lo no ambiente caótico e impessoal do mundo corporativo de Nova York, onde a alienação e o isolamento são tão ameaçadores quanto qualquer criatura sobrenatural.

A história de Peter Loew pode ser vista como uma alegoria das pressões do capitalismo e da crise de identidade que muitos enfrentaram na época, satirizando certos valores culturais e profissionais ascendentes do período. Provavelmente, de forma não intencional, muito da atuação expressiva e física do protagonista evoca o mesmo exagero do cinema mudo na era Weimar e filmes como *Nosferatu*. Além disso, essa obra é responsável por gerar alguns dos melhores memes de Nicolas Cage que circulam na internet até hoje.

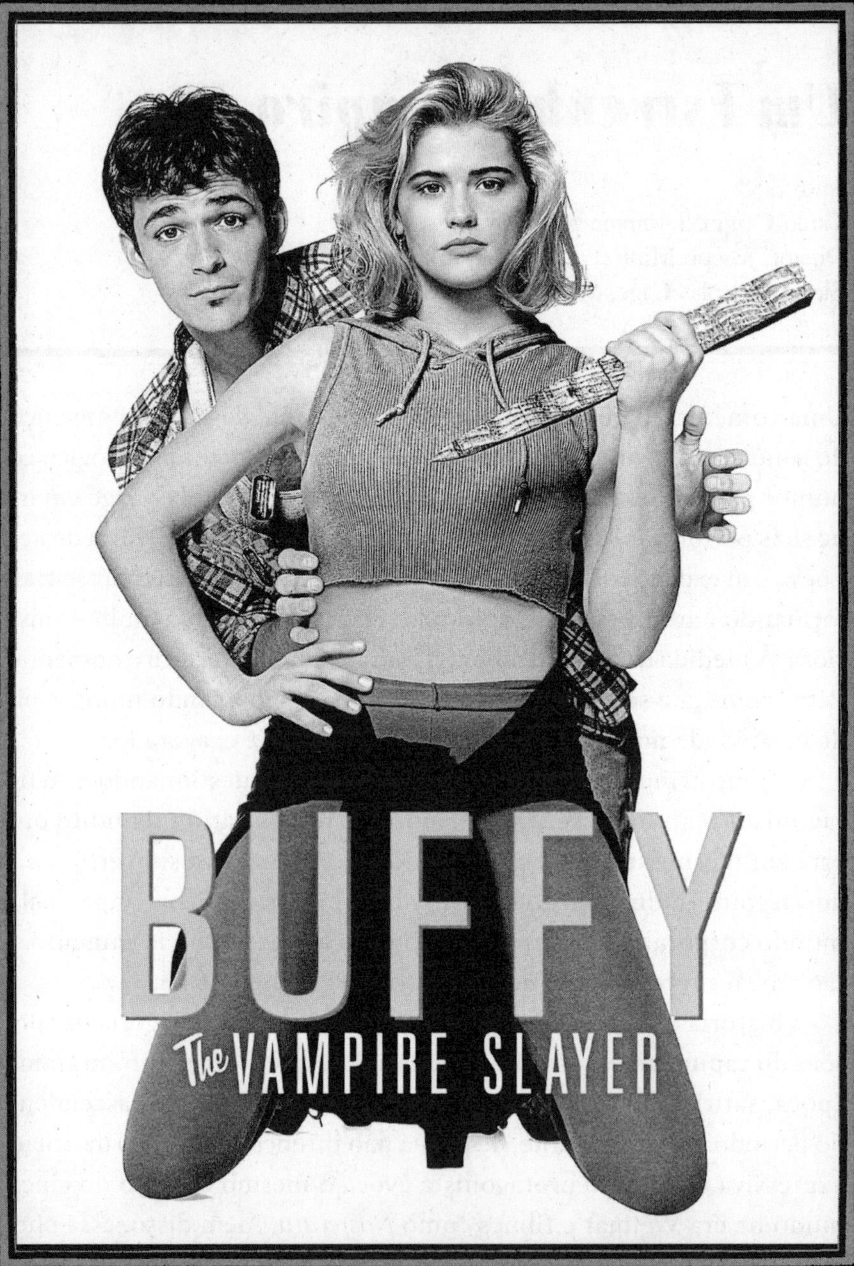
BUFFY
The VAMPIRE SLAYER

Buffy, a Caça Vampiros

Ano: 1992
Título Original: *Buffy the Vampire Slayer*
Diretor: Fran Rubel Kuzui
Elenco: Kristy Swanson, Donald Sutherland e Paul Reubens

Uma comédia adolescente da década de 1990 com mesclas de ação e terror para o público infantojuvenil. A trama gira entorno de Buffy Summers, uma líder de torcida popular do ensino médio que descobre ser "A Escolhida" — a única que pode combater e destruir vampiros. Guiada pelo mentor Merrick (interpretado por Donald Sutherland), Buffy enfrenta um grupo de vampiros que ameaça sua cidade, enfrentando os desafios de equilibrar as obrigações de caçadora com a vida estudantil e problemas comuns da adolescência.

Uma de suas qualidades é a inversão do arquétipo da jovem indefesa ou subjugada — muito comum no terror, para a heroína e única detentora de capacidades únicas. Embora possua um tom cômico e brando, *Buffy* é responsável por introduzir o mito e cultura dos vampiros a uma nova geração de jovens que cresceu na década de 1990.

Tamanho foi seu sucesso com o público, que cinco anos depois uma série televisiva estreou e influenciou significativamente a representação de vampiros na cultura popular, referenciando *Nosferatu* em um de seus personagens denominado "O Mestre".

LOVE
NEVER
DIES
BRAM STOKER'S
Dracula
A FRANCIS FORD COPPOLA FILM
COLUMBIA PICTURES
OSIRIS FILMS 'BRAM STOKER'S DRACULA' GARY OLDMAN WINONA RYDER ANTHONY HOPKINS KEANU REEVES
JAMES V. HART ROMAN COPPOLA WOJCIECH KILAR EIKO ISHIOKA NICHOLAS C. SMITH GLEN SCANTLEBURY ANNE GOURSAUD, A.C.E.
THOMAS SANDERS MICHAEL BALLHAUS, A.S.C. MICHAEL APTED AND ROBERT O'CONNOR JAMES V. HART
FRANCIS FORD COPPOLA, FRED FUCHS AND CHARLES MULVEHILL FRANCIS FORD COPPOLA
FROM AMERICAN ZOETROPE
NOVEMBER 13
COLUMBIA PICTURES

Drácula de Bram Stoker

Ano: 1992
Título Original: *Bram Stoker's Dracula*
Diretor: Francis Ford Coppola
Elenco: Gary Oldman, Winona Ryder e Keanu Reeves

Uma das adaptações cinematográficas mais ambiciosas do romance gótico de Bram Stoker, propondo-se, desde o título, a ser fiel à obra original. A trama acrescenta uma origem para o Conde Drácula que, após renegar sua religião e ser amaldiçoado, descobre a reencarnação de seu grande amor em Mina Harker e viaja até Londres para conquistar outra vez. Com um elenco notável e um nome de peso na direção, o filme mescla romance, horror e tragédia, criando uma narrativa que é tanto uma homenagem ao original quanto uma produção visual deslumbrante.

O filme tem seu mérito pelo estilo adotado, incluindo figurinos elaborados, cenários grandiosos e uma cinematografia rica que evoca o espírito do cinema expressionista. A atuação de Gary Oldman como Drácula é um dos pontos altos, oferecendo uma interpretação que homenageia diversos atores e trabalhos anteriores, além de apresentar uma performance que transita entre o monstruoso e o vulnerável.

Drácula de Bram Stoker, apesar de deter uma estética própria, bebe da fonte de obras como *Nosferatu* e *Drácula*. Tais referências ficam evidentes no jogo de sombras que o vampiro projeta, muitas vezes agindo de forma predatória igual a Orlok; uma de suas formas ser monstruosa e pálida; a infame cena do sangue na navalha em que o vampiro luta contra seus impulsos; até o sotaque romeno do protagonista e cena final com nascer do sol.

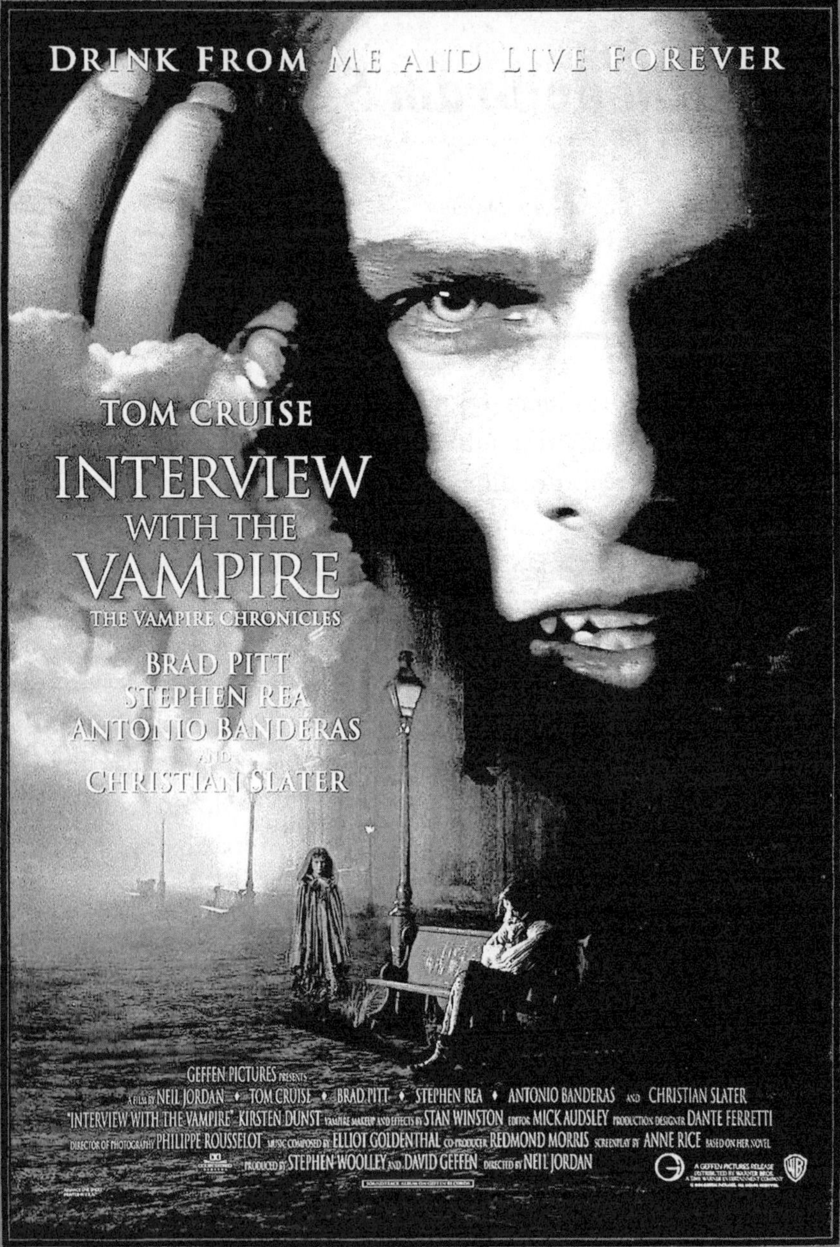
DRINK FROM ME AND LIVE FOREVER
TOM CRUISE
INTERVIEW WITH THE VAMPIRE
THE VAMPIRE CHRONICLES
BRAD PITT
STEPHEN REA
ANTONIO BANDERAS
AND
CHRISTIAN SLATER
GEFFEN PICTURES PRESENTS
A FILM BY NEIL JORDAN • TOM CRUISE • BRAD PITT • STEPHEN REA • ANTONIO BANDERAS AND CHRISTIAN SLATER
"INTERVIEW WITH THE VAMPIRE" KIRSTEN DUNST VAMPIRE MAKEUP AND EFFECTS BY STAN WINSTON EDITOR MICK AUDSLEY PRODUCTION DESIGNER DANTE FERRETTI
DIRECTOR OF PHOTOGRAPHY PHILIPPE ROUSSELOT MUSIC COMPOSED BY ELLIOT GOLDENTHAL CO-PRODUCER REDMOND MORRIS SCREENPLAY BY ANNE RICE BASED ON HER NOVEL
PRODUCED BY STEPHEN WOOLLEY AND DAVID GEFFEN DIRECTED BY NEIL JORDAN
A GEFFEN PICTURES RELEASE
DISTRIBUTED BY WARNER BROS.
A TIME WARNER ENTERTAINMENT COMPANY

Entrevista com o Vampiro

Ano: 1994
Título Original: *Interview with the Vampire*
Diretor: Neil Jordan
Elenco: Tom Cruise, Brad Pitt e Stephen Rea

Uma adaptação cinematográfica do aclamado romance de Anne Rice, que trouxe nova profundidade e complexidade aos vampiros. O enredo narra a história de Louis de Pointe du Lac, um vampiro que conta sua vida e seus tormentos ao longo de séculos a um jornalista em busca de uma história sensacional. Através de suas memórias, o filme explora sua transformação pelo enigmático vampiro Lestat e a relação entre eles, incluindo a criação de Claudia, uma criança eternamente presa em um corpo imortal.

A abordagem introspectiva e filosófica é um dos destaques dessa obra, focando nos dilemas morais e existenciais que acompanham a imortalidade. Ao contrário das representações tradicionais de vampiros como criaturas malévolas, o filme explora a humanidade persistente dos personagens, seus desejos, arrependimentos e a eterna luta entre o bem e o mal que se desenrola no interior de cada um. A cinematografia de Jordan, junto com a ambientação luxuosa e a trilha sonora envolvente, cria uma atmosfera de melancolia e decadência, que captura a essência dos vampiros como seres trágicos, presos em um ciclo interminável de vida e morte.

Ao passo que *Nosferatu* retrata o vampiro como uma força primordial do mal, esta adaptação coloca seus protagonistas em uma luz ambígua, onde são vítimas e vilões de suas histórias. O desenvolvimento de personagens como criaturas complexas, explorando a imortalidade com sensibilidade moderna e filosófica, além de um elenco espetacular, conferem ao filme um lugar especial no cinema vampiresco.

LESLIE NIELSEN
Mel Brooks'
DRACULA
DEAD and LOVING IT
CASTLE ROCK ENTERTAINMENT PRESENTS A BROOKSFILMS PRODUCTION MEL BROOKS' DRACULA: DEAD AND LOVING IT LESLIE NIELSEN PETER MacNICOL
STEVEN WEBER AMY YASBECK LYSETTE ANTHONY HARVEY KORMAN AND MEL BROOKS HUMMIE MANN ADAM WEISS ROY FORGE SMITH MICHAEL D. O'SHEA
PETER SCHINDLER RUDY DE LUCA & STEVE HABERMAN MEL BROOKS & RUDY DE LUCA & STEVE HABERMAN MEL BROOKS
AT THEATRES THIS CHRISTMAS

Drácula — Morto, mas Feliz

Ano: 1995
Título Original: *Dracula: Dead and Loving It*
Diretor: Mel Brooks
Elenco: Leslie Nielsen, Peter MacNicol e Steven Weber

Uma paródia que traz o clássico conto do Conde Drácula para o terreno do humor ao estilo irreverente de Mel Brooks. A trama segue de perto a história original de Bram Stoker, mas com uma abordagem satírica que subverte as expectativas do gênero de horror. Leslie Nielsen, conhecido por seu talento para a comédia física, assume o papel de Drácula, transformando o temível vampiro numa figura desajeitada, caricata e hilariante.

O que torna *Drácula — Morto, mas Feliz* notável é sua capacidade de transformar os elementos sombrios e convenções clássicas em elementos cômicos. A famosa cena em que Conde Orlok se levanta como se levitasse do caixão, aqui, é subvertida para Leslie Nilsen fazendo o mesmo, porém, batendo com a cabeça num lustre suspenso no teto. Mel Brooks utiliza o humor físico, o absurdo e as situações cômicas para desmantelar o terror associado ao personagem de Drácula, celebrando o humor burlesco e a sátira.

O filme reflete uma década de cinema em que a paródia e a desconstrução de gêneros tradicionais estavam em alta, oferecendo ao público uma maneira leve e irreverente de revisitar histórias clássicas e mitos incutidos pelo cinema. Nessa obra, em vez de um convite para o aterrador, o espectador tem a possibilidade de rir dos terrores que outrora assombraram o imaginário coletivo.

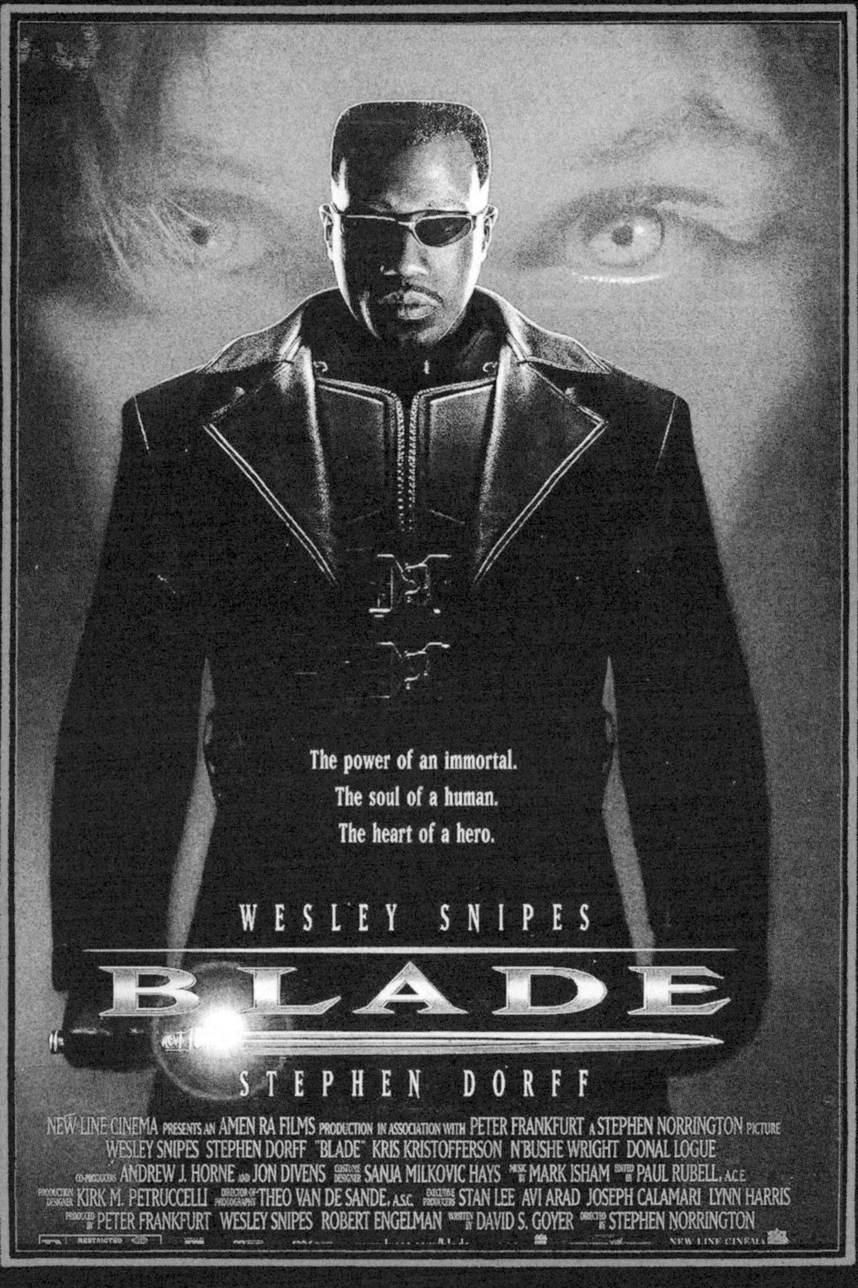
The power of an immortal.
The soul of a human.
The heart of a hero.
WESLEY SNIPES
BLADE
STEPHEN DORFF
NEW LINE CINEMA PRESENTS AN AMEN RA FILMS PRODUCTION IN ASSOCIATION WITH PETER FRANKFURT A STEPHEN NORRINGTON PICTURE
WESLEY SNIPES STEPHEN DORFF "BLADE" KRIS KRISTOFFERSON N'BUSHE WRIGHT DONAL LOGUE
CO-PRODUCERS ANDREW J. HORNE AND JON DIVENS COSTUME DESIGNER SANJA MILKOVIC HAYS MUSIC BY MARK ISHAM EDITED BY PAUL RUBELL, A.C.E.
PRODUCTION DESIGNER KIRK M. PETRUCCELLI DIRECTOR OF PHOTOGRAPHY THEO VAN DE SANDE, A.S.C. EXECUTIVE PRODUCERS STAN LEE AVI ARAD JOSEPH CALAMARI LYNN HARRIS
PRODUCED BY PETER FRANKFURT WESLEY SNIPES ROBERT ENGELMAN WRITTEN BY DAVID S. GOYER DIRECTED BY STEPHEN NORRINGTON
NEW LINE CINEMA

Blade, o Caçador de Vampiros

Ano: 1998
Título Original: *Blade*
Diretor: Stephen Norrington
Elenco: Wesley Snipes, Stephen Dorff e Kris Kristofferson

Uma adaptação de quadrinhos que trouxe um novo fôlego ao gênero de vampiros, fundindo ação com horror numa narrativa estilizada. A trama segue a história de Blade, um híbrido entre humano e vampiro, que dedica sua vida a exterminar a raça de vampiros que se esconde entre os humanos. Dotado de força sobrehumana e destreza marcial, Blade combate tanto os vampiros quanto seu próprio lado sombrio, enquanto o vilão Deacon Frost busca uma forma de se tornar imortal e dominar o mundo dos humanos e dos vampiros.

Wesley Snipes se destaca em uma atuação memorável, característica dos filmes de ação dos filmes de ação dos anos 1990, encarnando Blade como um anti-herói implacável em cenas de ação coreografadas de forma espetacular. *Blade, o Caçador de Vampiros* foi um marco importante no cinema, não apenas por voltar a destacar a figura do vampiro, mas também por ser um dos primeiros filmes baseados em quadrinhos a alcançar sucesso de bilheteria e aclamação crítica. Ele abriu caminho para a popularização dos filmes de super-heróis que dominariam o cinema nas décadas seguintes. Curiosamente, a capacidade mais notável do personagem protagonista reside na maior fraqueza de Conde Orlok: sobreviver à luz solar, algo concedido por sua condição de híbrido vampiro.

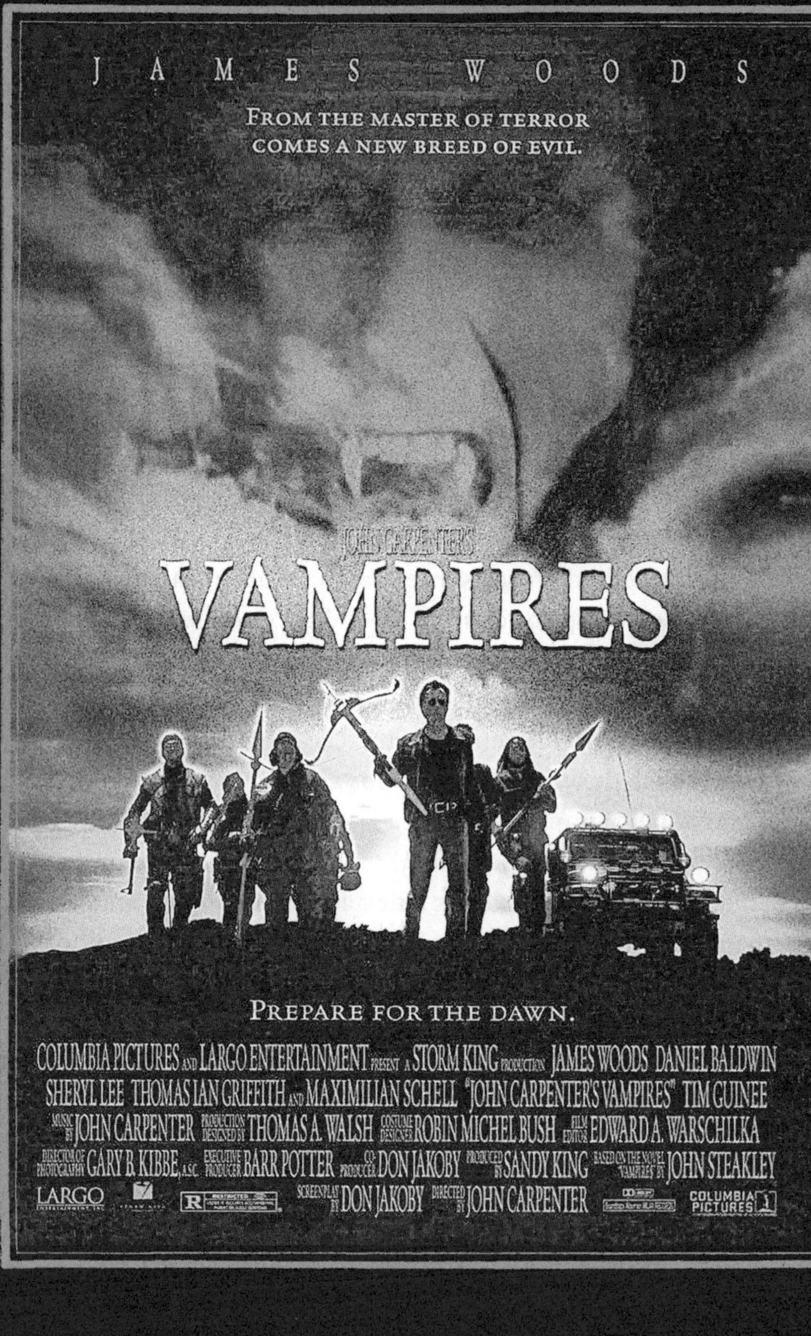
JAMES WOODS
FROM THE MASTER OF TERROR
COMES A NEW BREED OF EVIL.
JOHN CARPENTER'S
VAMPIRES
PREPARE FOR THE DAWN.
COLUMBIA PICTURES AND LARGO ENTERTAINMENT PRESENT A STORM KING PRODUCTION JAMES WOODS DANIEL BALDWIN
SHERYL LEE THOMAS IAN GRIFFITH AND MAXIMILIAN SCHELL "JOHN CARPENTER'S VAMPIRES" TIM GUINEE
MUSIC BY JOHN CARPENTER PRODUCTION DESIGNED BY THOMAS A. WALSH COSTUME DESIGNER ROBIN MICHEL BUSH FILM EDITOR EDWARD A. WARSCHILKA
DIRECTOR OF PHOTOGRAPHY GARY B. KIBBE, A.S.C. EXECUTIVE PRODUCER BARR POTTER CO-PRODUCER DON JAKOBY PRODUCED BY SANDY KING BASED ON THE NOVEL "VAMPIRES" BY JOHN STEAKLEY
LARGO
R RESTRICTED
SCREENPLAY BY DON JAKOBY DIRECTED BY JOHN CARPENTER
COLUMBIA PICTURES

Vampiros de John Carpenter

Ano: 1998
Título Original: *John Carpenter's Vampires*
Diretor: John Carpenter
Elenco: James Woods, Daniel Baldwin e Sheryl Lee

Uma reinvenção pungente e dinâmica do gênero de vampiros, que mistura elementos de faroeste com o horror característico do diretor John Carpenter. O filme, adaptado do romance *Vampire$* de John Steakley, retrata o irreverente caçador de vampiros endurecido Jack Crow, que lidera uma equipe de mercenários numa missão para eliminar uma colônia de vampiros no Novo México. À medida que a trama se desenrola, Crow precisa impedir que Valek, o vampiro líder da colônia, encontre uma relíquia que lhe permitirá andar à luz do dia, tornando-o ainda mais perigoso.

Um filme que subverte diversas convenções clássicas, como a aversão dos vampiros a símbolos religiosos, a luz solar ou alho serem fatais para as criaturas ou a capacidade de se transformar em morcegos, mantendo apenas o conceito de morte com uma estaca no peito. No entanto, sua abordagem, combinando horror sanguinário com ação intensa numa temática de faroeste moderno e atmosfera de desolação, apresenta uma estética que o destaca de outros filmes. A trilha sonora, também composta por Carpenter, complementa perfeitamente o tom áspero e implacável do filme, a combinação perfeita para o protagonista cínico de James Woods.

Longe de outras obras romantizadas ou elegantes, *Vampiros de John Carpenter* é um filme visceral, repleto de violência e sangue para abordar de forma quase niilista temas como desesperança e abandono de fé.

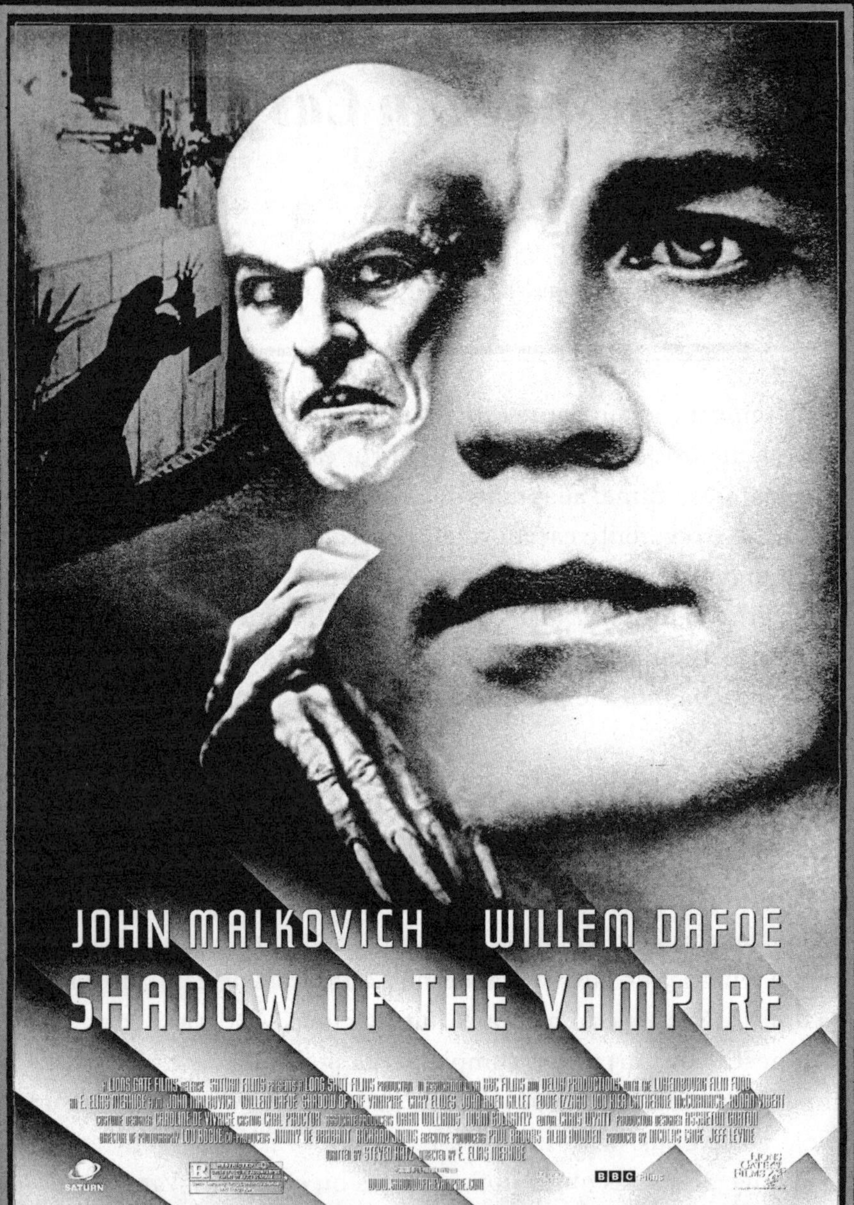
JOHN MALKOVICH
WILLEM DAFOE
SHADOW OF THE VAMPIRE

A Sombra do Vampiro

Ano: 2000
Título Original: *Shadow of the Vampire*
Diretor: E. Elias Merhige
Elenco: John Malkovich, Willem Dafoe e Cary Elwes

Uma obra que brinca com a tênue linha entre realidade e ficção, oferecendo uma visão ficcionalizada e sombria da criação do clássico *Nosferatu*. O cerne da trama se concentra na ideia de Max Schreck, o ator que interpretou o Conde Orlok no filme de Murnau, ser um vampiro real. John Malkovich interpreta Murnau como um diretor obcecado em criar o filme de terror definitivo. Em sua busca por autenticidade, contrata Schreck sem revelar sua verdadeira natureza ao resto da equipe. Conforme as filmagens avançam, a tensão entre o elenco e o vampiro real aumenta, resultando num embate no campo físico e moral.

Willem Dafoe, em uma performance que lhe rendeu uma indicação ao Oscar, encarna Max Schreck com uma intensidade perturbadora, capturando a essência monstruosa do personagem na obra de 1922. *A Sombra do Vampiro* é uma homenagem ao cinema expressionista alemão, utilizando iluminação dramática e uma paleta de cores sombria para evocar a atmosfera do filme original.

Uma obra que expande e subverte o legado de *Nosferatu*, oferecendo uma reflexão sobre a própria natureza do cinema e do mito do vampiro.

Ao reintroduzir a figura sombria e misteriosa de Orlok no cinema, a obra destaca o impacto duradouro de *Nosferatu*, expandindo seu legado com novas reflexões. O papel do diretor como um criador que, como Drácula, controla e manipula aqueles ao seu redor traz uma importante visão sobre a própria natureza do cinema através do mito vampiresco.

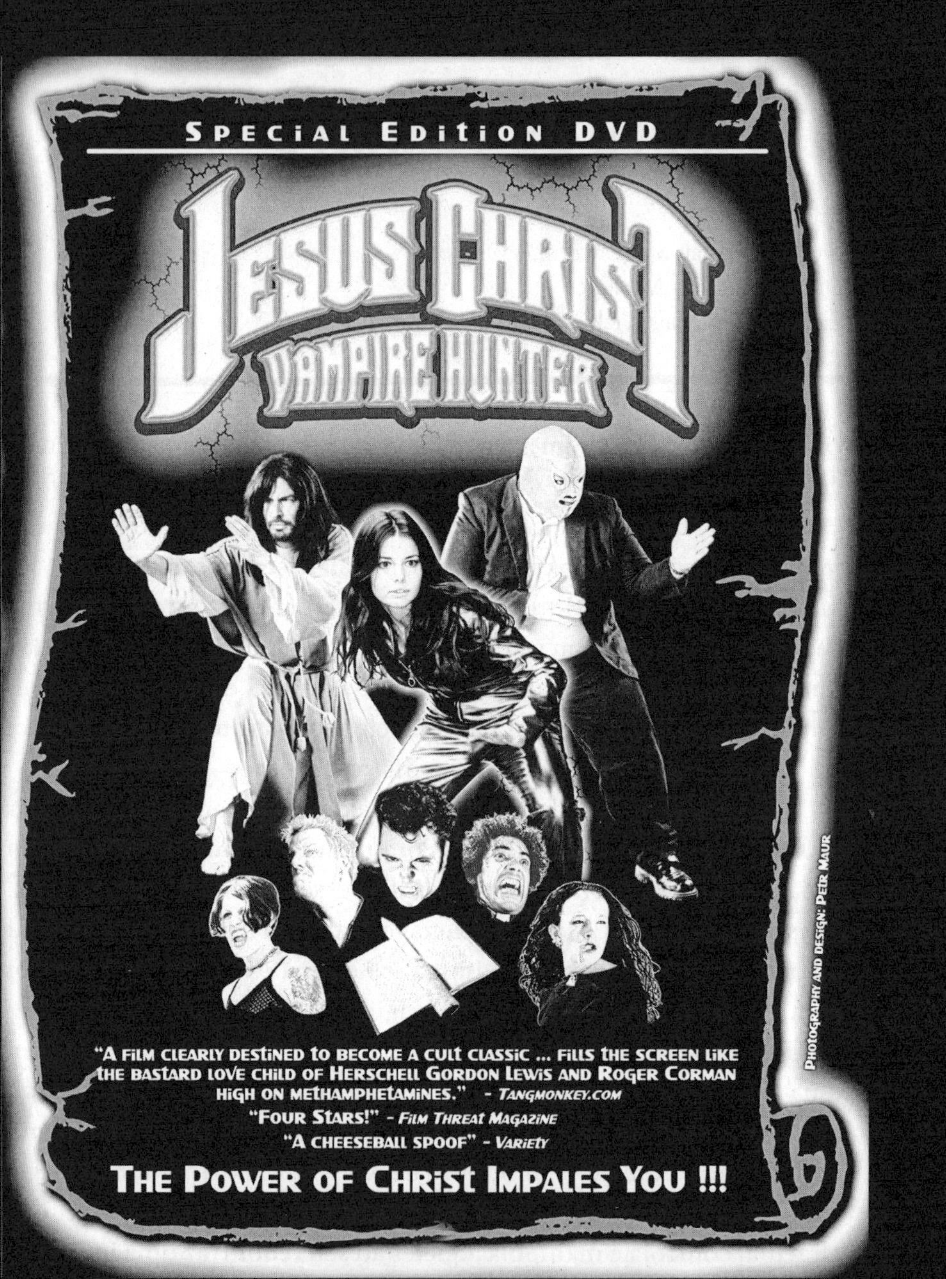
SPECIAL EDITION DVD
JESUS CHRIST VAMPIRE HUNTER
"A FILM CLEARLY DESTINED TO BECOME A CULT CLASSIC ... FILLS THE SCREEN LIKE THE BASTARD LOVE CHILD OF HERSCHELL GORDON LEWIS AND ROGER CORMAN HIGH ON METHAMPHETAMINES." - TANGMONKEY.COM
"FOUR STARS!" - FILM THREAT MAGAZINE
"A CHEESEBALL SPOOF" - VARIETY
THE POWER OF CHRIST IMPALES YOU !!!
PHOTOGRAPHY AND DESIGN: PETR MAUR

Jesus Cristo Caçador de Vampiros

Ano: 2001
Título Original: *Jesus Christ Vampire Hunter*
Diretor: Lee Demarbre
Elenco: Phil Caracas, Murielle Varhelyi e Maria Moulton

Talvez a obra mais inusitada sobre vampiros, combinando elementos de terror, comédia e ação num musical deliberadamente absurdo e subversivo. O filme apresenta Jesus Cristo como um herói cujo dever é retornar à Terra nos tempos modernos para enfrentar uma legião de vampiros que aterroriza a população, especialmente a comunidade lésbica. Armado com incríveis habilidades de *kung fu* e poderes divinos, Jesus se une a El Santo (um lutador de luta livre real e bem famoso no México) para destruir os vampiros e restaurar a ordem. O filme é um exercício do cinema independente, realizado com baixo orçamento e uma narrativa exagerada para criar uma experiência única e irreverente. O *slogan* promocional do filme foi construído em cima do jogo de palavras: "Vampires no longer fear the sun, but now they're going to fear the son of God".*

Poucos contestariam que *Jesus Cristo Caçador de Vampiros* é uma das obras mais subversivas e inesperadas no cinema vampiríco. Seu estilo *trash*, adotando a forma de um musical que abala qualquer seriedade que um filme de ação ou terror requer, lhe confere uma perspectiva única e original. No entanto, seu valor reside exatamente em demonstrar quão amplo, inventivo, experimental e capaz de se inovar o gênero de vampiros pode ser.

* "Vampiros não temem mais o sol, mas eles aprenderão a temer o filho de Deus". Um jogo de palavras com a similaridade entre *sun* e *son*.

LÅT DEN
RÄTTE KOMMA
IN
EN FILM AV TOMAS ALFREDSON
EFTER SUCCÉBOKEN AV JOHN AJVIDE LINDQVIST
"MÄSTERLIG"
SvD
VINNARE
2008
EFTI
svt

Deixa Ela Entrar

Ano: 2008
Título Original: *Låt den rätte komma in*
Diretor: Tomas Alfredson
Elenco: Kåre Hedebrant, Lina Leandersson e Per Ragnar

Uma obra-prima do cinema sueco com uma abordagem emocionante e reflexiva para o mito do vampiro. Baseado no romance de John Ajvide Lindqvist, o enredo narra a história de Oskar, um garoto solitário de doze anos que é vítima de *bullying* em sua escola. A vida do garoto muda quando ele conhece Eli, uma menina enigmática que se muda para o apartamento ao lado. À medida que os dois desenvolvem uma amizade, Oskar descobre que Eli não é uma criança comum, mas uma vampira que precisa de sangue para sobreviver.

Um de seus destaques é tom contemplativo e humanizado, um contraste com a violência inerente ao gênero de vampiros. A paisagem gélida e desolada da Suécia é o plano de fundo perfeito para representar emoções reprimidas de seus personagens, criando uma atmosfera ao mesmo tempo bela e melancólica. Em *Deixa Ela Entrar, o* vampirismo não é apenas retratado como uma maldição, mas também como uma forma de vulnerabilidade, uma condição que traz dificuldades de autoaceitação para a personagem de Eli, levando-a questionar sua própria identidade. Em seu cerne, o filme explora temas de solidão, culpa e necessidade de conexões humanas, refletindo um momento em que questões de identidade, gênero e autoaceitação começaram a ganhar seu devido espaço e reconhecimento em produções cinematográficas.

내가 이 지옥에서 데리고 나가 줄게요…
2009년 박찬욱 감독 신작
박쥐

Sede de Sangue

Ano: 2009
Título Original: *Bakjwi*
Diretor: Park Chan-Wook
Elenco: Song Kang-Ho, Ok-Bin Kim e In-hwan Park

Dirigido pelo aclamado cineasta sul-coreano Park Chan-Wook, essa obra apresenta uma abordagem "radical" para o cinema de vampiros, em que horror, tragédia e romance se entrelaçam em uma narrativa complexa e moralmente ambígua. O enredo segue o padre Sang-hyun, que participa de um experimento médico que o transforma em vampiro. Conflitado entre votos religiosos e impulsos predatórios, Sang-hyun é tragado para uma espiral de desejo e destruição, após se envolver com a esposa de um amigo.

A singularidade de *Sede de Sangue* reside em sua habilidade de explorar temas profundamente humanos através do prisma do vampirismo. Park Chan-Wook, conhecido pela exploração de personagens complexos, adota o vampirismo como alegoria para retratar culpa, redenção e desejo proibido. A cinematografia é rica em detalhes e simbolismos, utilizando uma paleta de cores vibrante que contrasta com o conteúdo sombrio abordado.

Embora *Sede de Sangue* não faça referências explícitas a *Nosferatu* (1922), ele compartilha com o clássico a exploração do vampirismo como uma condição trágica e inevitável, mas o faz com uma sensibilidade moderna que desafia as convenções do gênero. O filme subverte as expectativas ao combinar o horror com uma reflexão profunda sobre a natureza humana.

Ao destacar fraquezas e desejos que habitam o interior de cada um de nós, *Sede de Sangue* aborda a repressão sexual, a fé e a hipocrisia moral pelo viés sul-coreano. O resultado é uma obra que reflete sobre a condição trágica da inevitabilidade humana por um prisma dotado de sensibilidade e voracidade visual.

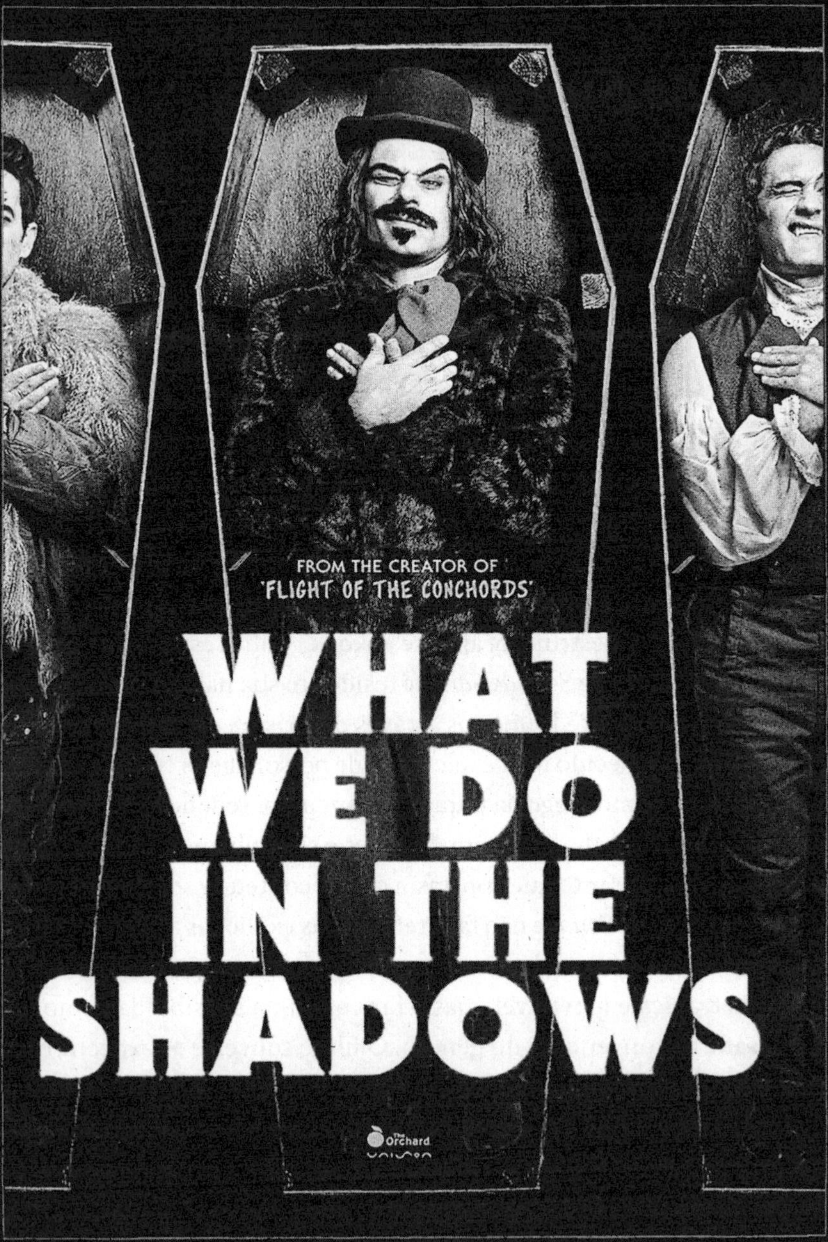
FROM THE CREATOR OF
'FLIGHT OF THE CONCHORDS'
WHAT
WE DO
IN THE
SHADOWS
The Orchard
unison

O Que Fazemos nas Sombras

Ano: 2014
Título Original: *What We Do in the Shadows*
Diretor: Jemaine Clement e Taika Waititi
Elenco: Alexandre Astier, Fred Testot e Bruno Salomone

Um *mockumentary* que aborda o vampiros de forma humorística e irreverente, prestando homenagem aos clássicos do cinema de terror. Dirigido e estrelado por Jemaine Clement e Taika Waititi, o filme acompanha quatro vampiros que compartilham uma casa na Nova Zelândia. Enquanto enfrentam desafios modernos, como pagar aluguel e lidar com tarefas domésticas, os vampiros Viago, Vladislav, Deacon e Petyr revelam suas peculiaridades e os absurdos da imortalidade em situações hilárias e surreais. O filme é uma sátira inteligente e carinhosa que brinca com as convenções do gênero, ao mesmo tempo em que explora temas de amizade e adaptação à vida moderna.

O primor dessa obra reside em sua capacidade de equilibrar humor com o clássico gênero de vampiros, utilizando o formato de documentário para criar um clima de intimidade e identificação com seus personagens imortais. Cada vampiro traz consigo traços e personalidades que ecoam as representações clássicas do gênero: Viago é o dândi romântico, Vladislav é o sedutor decadente, e Petyr, com sua aparência idêntica ao Conde Orlok de *Nosferatu*, é o ancestral aterrorizante e silencioso, um eco distante da figura monstruosa que a criatura vampírica já foi, um indício que Murnau continua a influenciar e inspirar representações modernas da criatura noturna.

O filme se destaca como uma das comédias mais originais do gênero, utilizando a familiaridade do público com as convenções dos filmes de vampiros para subverter expectativas e oferecer uma nova perspectiva sobre esses seres lendários.

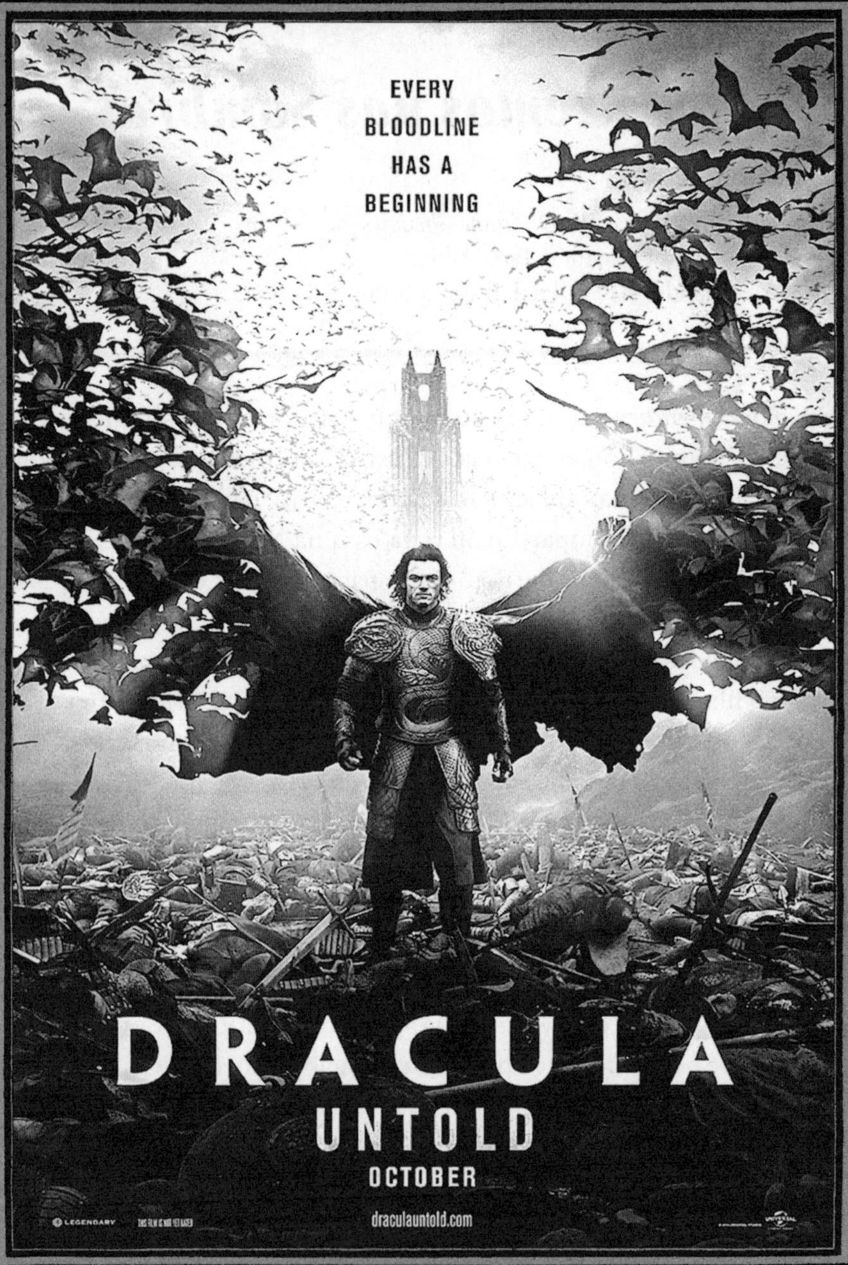
EVERY
BLOODLINE
HAS A
BEGINNING
DRACULA
UNTOLD
OCTOBER
draculauntold.com

Drácula — A História Nunca Contada

Ano: 2014
Título Original: *Dracula Untold*
Diretor: Gary Shore
Elenco: Luke Evans, Sarah Gadon e Dominic Cooper

Uma produção com nova perspectiva sobre a origem do lendário vampiro, misturando elementos de fantasia, ação e horror, além de muitos efeitos especiais em CGI, para reimaginar o mito de Drácula como um conto épico de tragédia e heroísmo. Luke Evans dá vida para Vlad III, o Empalador que, para proteger seu reino e sua família de uma invasão otomana, faz um pacto com forças sobrenaturais que o transformam no vampiro mais famoso da literatura. O filme explora os dilemas morais e pessoais de Vlad, destacando sua luta entre salvar os que ama e manter sua humanidade intacta, ao mesmo tempo em que o personagem abraça seu destino sombrio.

A cinematografia do filme traz a grandiosidade de produções com alto investimento com cenas de batalha épicas e estética sombria que evoca o terror gótico. Apresentando uma figura humanizada de Drácula, a narrativa combina elementos históricos com lendas vampíricas na busca de atrair e manter a relevância do personagem. Tal escolha reflete uma tendência da década de 2010 de humanizar vilões clássicos e oferecer novas abordagens para figuras outrora unidimensionais. Em vez de apresentar Drácula apenas como um monstro, o filme o retrata como um herói relutante, cuja transformação em vampiro é motivada e justificado por amor e sacrifício. Essa abordagem reflete um movimento mais amplo no cinema e na cultura pop, onde personagens icônicos, sejam eles vilões ou anti-heróis, são explorados de maneira mais empática, gerando críticas e elogios pela alteração de figuras que se estabeleceram no imaginário popular como vilões.

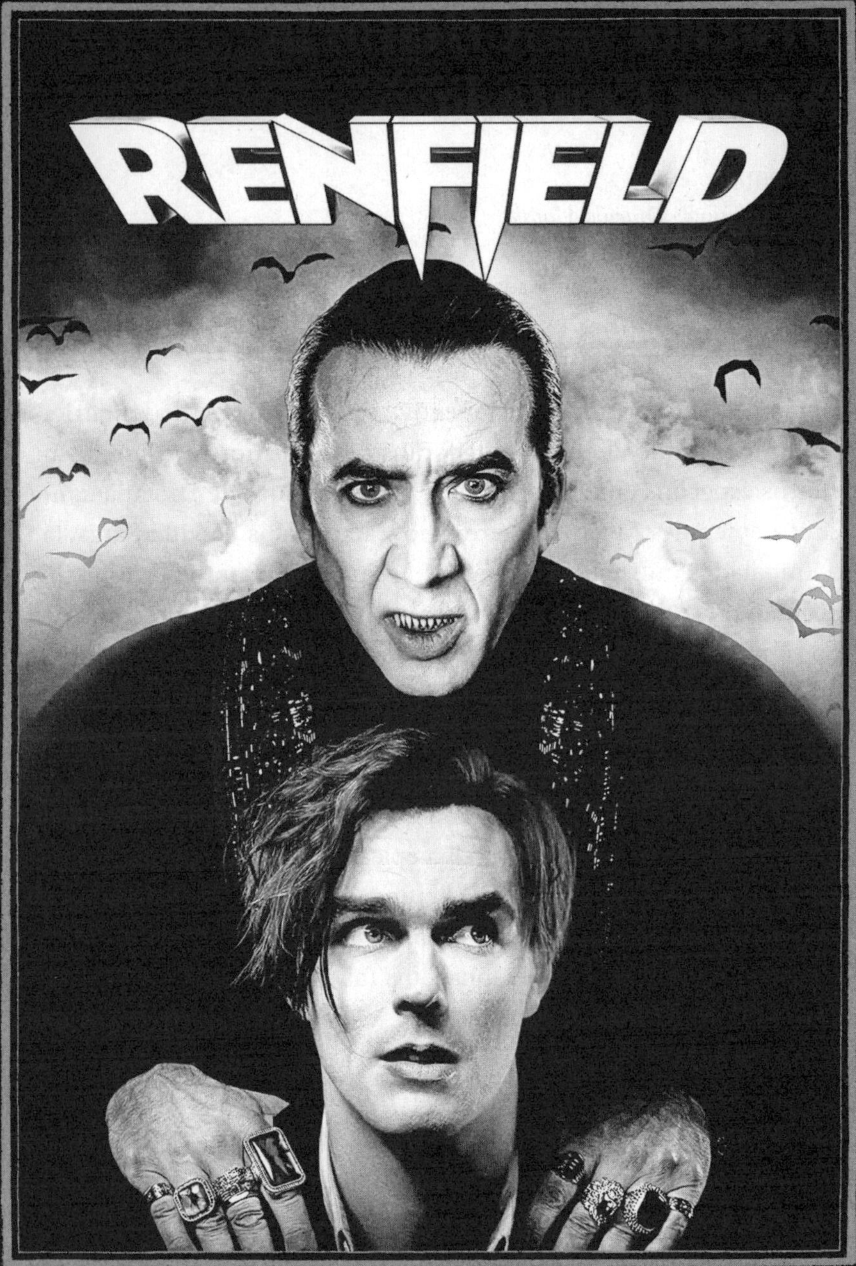
RENFIELD

Renfield — Dando Sangue Pelo Chefe

Ano: 2023
Título Original: *Renfield*
Diretor: Chris McKay
Elenco: Nicholas Hoult, Nicolas Cage e Awkwafina

Na mesma perspectiva de novas abordagens empáticas para personagens vilanescos, essa comédia foca na história de Renfield, o famoso lacaio de Drácula. Dirigido por Chris McKay, o filme explora a relação disfuncional entre servo e mestre, numa mistura humor e ação com toques de terror clásscio. Renfield, após séculos de servidão, começa a questionar sua lealdade e busca uma vida normal, enquanto tenta se libertar da influência tóxica e manipuladora de Drácula. O filme é uma sátira moderna, que usa o humor e o absurdo para questionar dinâmicas de poder e dependência em relacionamentos abusivos.

O destaque do filme é, sem dúvida, a performance de Nicolas Cage como Drácula, que volta a interpretar um vampiro numa performance exagerada e um estilo visual que homenageia os vampiros clássicos, chegando ao ponto de reencenar cenas do filme *Drácula* com Cage no lugar de Lugosi. Nicholas Hoult, por sua vez, oferece uma interpretação interessante e de fácil identificação por suas frustrações e busca pela própria identidade. A química entre os dois atores se desenrola como uma comédia de terror cheia de momentos absurdos e cômicos.

Ao trazer um personagem secundário para o centro da narrativa, *Renfield* traz uma visão inédita de um personagem que, historicamente, sempre esteve à sombra de Drácula. Um filme que com momentos divertidos e que segue a tradição de novas adaptações para a história amplamente difundida de Drácula.

SUCCUMB TO THE DARKNESS
Nosferatu
BILL
SKARSGÅRD
NICHOLAS
HOULT
LILY
ROSE-DEPP
AARON
TAYLOR-JOHNSON
EMMA
CORRIN
RALPH
INESON
and
WILLEM
DAFOE
WRITTEN FOR SCREEN
AND DIRECTED BY
ROBERT EGGERS
Christmas 2024
FOCUS

Nosferatu

Ano: 2024
Título Original: *Nosferatu*
Diretor: Robert Eggers
Elenco: Lily-Rose Depp, Bill Skarsgård e Willem Dafoe

A partir da promessa de uma interpretação moderna e visceral do clássico de 1922 que definiu o gênero de horror, *Nosferatu* é um dos filmes mais aguardados de 2024. O diretor Robert Eggers, conhecido por suas obras cuja atmosfera envolvente é de tirar o fôlego — como *A Bruxa* (2015) e *O Farol* (2019), traz seu olhar meticuloso e uma atenção singular aos detalhes históricos e estilísticos para um dos filmes de terror mais icônicos de todos os tempos. O elenco inclui Bill Skarsgård, conhecido por seu papel como Pennywise na franquia *It — A Coisa* (2017), como o famigerado Conde Orlok, ao lado de Willem Dafoe, retornando ao universo de *Nosferatu* após sua aclamada performance em *A Sombra do Vampiro* (2000).

Este remake de *Nosferatu* surge num momento em que há uma tendência crescente no cinema para revisitar e reimaginar filmes clássicos com uma perspectiva moderna, mantendo sua relevância cultural e apresentando tais obras para novas gerações. A combinação do estilo visual imersivo de Eggers com a rica herança do material original tem o potencial de criar uma produção audiovisual que não apenas homenageia, mas possui liberdade para atualizar um dos pilares do cinema de terror. À medida que se aproxima sua estreia, *Nosferatu* de 2024 é aguardado como uma das mais intrigantes revisitações de um clássico, adaptando o terror primordial que marcou gerações para um novo público e garantindo relevância e destaque para a obra original de Murnau.

CRÉDITOS

NOSFERATU

Nosferatu - Uma Sinfonia do Horror

Alemanha 1921

Diretor
F. W. [Friedrich Wilhelm] Murnau

Roteiro
H. [Henrik] Galeen

Fotografia
F. A. [Fritz Arno] Wagner

Cenários e Figurinos
A. [Albin] Grau

Trilha Sonora (1921)
Hans Erdmann

Empresa Produtora
Prana-Film GmbH (Berlim)

Não creditados

Produtores
Albin Grau
Enrico Dieckmann

Fonte
Baseado no romance *Drácula* de Bram Stoker

ELENCO

Max Schreck
Conde Orlok, "Nosferatu"

Gustav von Wangenheim
Thomas Hutter

Greta Schröder
Ellen Hutter, esposa de Thomas

G. [Georg] H. Schnell
Harding, proprietário de navios e amigo de Hutter

Ruth Landshoff
Ruth [Anny], irmã de Harding

Gustav Botz
Professor Sievers, Médico da cidade

Alexander Granach
Knock, corretor imobiliário

John Gottowt
Professor Bulwer, um paracelsiano

Max Nemetz
Capitão do navio

Wolfgang Heinz
Imediato

Albert Venohr
Primeiro marinheiro

Eric van Viele
Segundo marinheiro

Heinrich Witte
Vigia do asilo

Guido Herzfeld
Taberneiro

Karl Etlinger
Estudante acompanhando Bulwer

Hardy von Francois
Médico do hospital

Fanny Schreck
Enfermeira do hospital

Jozef Sárený
Cocheiro-chefe

Detalhes da Produção
Filmado de agosto a outubro de 1921 em locações em Lauenburgo/Elbe-Lübeck (Schleswig–Holstein), Rostock e Wismar (Meclenburgo–Pomerânia Ocidental), a região da Vestfália (norte do Reno) e Heligoland (Alemanha) e em Dolný Kubín, Koncistá em Tatranská Polianka (a cadeia de montanhas dos Altos Tatras), a cordilheira do Granáty, Vrátna dolina ("o Vale de Vrátna") e Starý hrad ("Starhrad" — ambas parte da cadeia de montanhas Malá Fatra) — todas na região Norte da Eslováquia, com cenas internas filmadas nos estúdios Jofa (Berlim–Johannisthal, Treptow–Köpenick, Alemanha)
35mm, preto e branco, mudo, 1.33:1

Detalhes do Lançamento
Estreia alemã no Marmorsaal ("Salão de Mármore") do Zoologischer Garten Berlin (Jardim Zoológico de Berlim) em 4 de março de 1922.
Extensão: 1.967 metros
Lançamento nos cinemas alemães no Primus-Palast (Berlim) em 15 de março de 1922

Observação
Os créditos originais não sobreviveram. Algumas reproduções feitas de cópias mantidas pela Cinémathèque Française alteram os nomes dos personagens para corresponder aos encontrados no romance de Stoker, portanto, Max Schreck é creditado como "Conde Drácula", Gustav von Wangenheim como "Jonathon Haker" [sic] e assim por diante. Embora a maioria das fontes credite a personagem interpretada por Ruth Landshoff (interpretando a irmã de Harding) como "Ruth", algumas fontes a creditam como "Anny". Uma versão reeditada e reintitulada, Die zwölfte Stunde, foi criada em torno de 1930, provavelmente sem o conhecimento de Murnau.

Kino International
créditos da restauração de 2005/2006

Empresas Produtoras
TF — Transit Flm, Friedrich-Wilhelm-Murnau-Stiftung, Das Bundesarchiv

Restauração
Luciano Berriatúa

Laboratório
L'Immagine Ritrovata (Bolonha)

Processamento Digital
OMNIMAGO GmbH (Ingelheim)

Letreiros
Trick Wilk GmbH (Berlim)

Reconstrução da Trilha Incidental Original de Hans Erdmann
Berndt Heller

Executada por
Rundfunk-Sinfonieorchester Saarbrücken

Conduzida por
Berndt Heller

Produção da Gravação Sonora
Rundfunk-Sinfonieorchester Saarbrücken

Produção, Gravação, Edição e Mixagem da Trilha Incidental (5.1 Surround)
Klangbezirk, Andreas Radzuweit

Direitos Autorais das Músicas/Registro
Boosey & Hawkes Bote & Bock GmbH & Co. KG (Berlim)

Excertos Musicais
"Fantastisch-romantische Suite Teil 1 und Teil 2" por Hans Erdmann; "Der Werwolf" por T. R. Leuschner; "De Profundis-Suite" por Giuseppe Becce; "Grande Fantasia" de Un ballo in Maschera (transcrição de Émile Tavan) por Giuseppe Verdi; "Misterioso" e "Überleitung" por Berndt Heller; "Treachery and Vengeance" por Percy E. Fletcher; "Misterioso Fantastico" por Giuseppe Becce; "Galop (Le Bal)" de Petite Suite pour orchestre após "Jeu d'enfants" (transcrição de Hubert Mouton) por Georges Bizet; "Mefistofele" (início do Ato 3) por Arrigo Boito; "Kinotheken Nr. 24, 36 and 51" por Giuseppe Becce; 'Sturm' por Ernst Wiedermann

Vendas Internacionais
Transit Film GmbH (Munique)

Detalhes do Lançamento
Lançamento em DVD nos Estados Unidos por Kino Video em 20 de novembro de 2007. Duração: 91 minutos 52 segundos (total 94 minutos 15 segundos). 1.31:1

Créditos compilados por Julian Grainger

KEVIN JACKSON é um escritor inglês que já atuou como cineasta, produtor de rádio e diretor de televisão para a BBC. Foi editor de artes do *The Independent* e escreveu para publicações como *The New Yorker*, *Granta*, *The Sunday Times* (Londres), *The Guardian* e *Vogue*, entre outras. Seus livros foram selecionados como Livro da Semana no *The Guardian* e como Livro do Ano no *The Express*.

"I fall from the sky but I won't fall forever
I fall but when I'll rise I'll be stronger than ever."

— **RALEIGH RITCHIE** —